一本书掌握社交心理

汪建民◎编著

北京工业大学出版社

图书在版编目(CIP)数据

一本书掌握社交心理／汪建民编著. — 北京:北京工业
大学出版社,2014.8
ISBN 978 - 7 - 5639 - 3985 - 5

Ⅰ. ①— … Ⅱ. ①汪… Ⅲ. ①心理交往—社会心理学—通俗读物
Ⅳ. ①C912.1 - 49

中国版本图书馆 CIP 数据核字(2014)第 139388 号

一本书掌握社交心理

编　　著:汪建民
责任编辑:丁　娜
封面设计:翼之扬设计
出版发行:北京工业大学出版社
　　　　　(北京市朝阳区平乐园 100 号　邮编:100124)
　　　　　010-67391722(传真)　bgdcbs@sina.com
出 版 人:郝　勇
经销单位:全国各地新华书店
承印单位:大厂回族自治县正兴印务有限公司
开　　本:700 毫米 ×1000 毫米　1/16
印　　张:16
字　　数:160 千字
版　　次:2014 年 8 月第 1 版
印　　次:2014 年 8 月第 1 次印刷
标准书号:ISBN 978 -7 -5639 -3985 -5
定　　价:28.00 元

前言

　　人生的美好在于和谐地与人相处，每个人生活的幸福、工作的成功都离不开与他人的交往。如今，在这飞速发展的信息时代，人际关系变得越来越重要。成功学大师卡耐基说过："一个人的成功，15% 取决于他的专业知识，85% 则取决于他的社交能力。"也就是说，无论我们做什么事情，都必须先学会与人交往。要知道，只有掌握并且拥有丰富的人脉资源，我们才算是迈出了成功的第一步。

　　一个人只有懂得与人交往的方法和技巧，读懂交往对象的心理，并运用一定的心理策略，才能赢得别人的信任和喜欢，拥有好人缘，从而使自己的生活和工作一帆风顺。

　　要想建立良好的人际关系，就必须了解社交心理学的相关知识。社交心理学全称为社会交往心理学，顾名思义就是指人与人交往时的心理变化及在社交中人的思维惯性。人们的社会交往就其本身而言，不仅是一项重要的社会实践活动，还是从事其他社会活动的基础和前提，因此，如何进行社会交往成为人们所关注的问题。

　　那么，在与人的交往中，每个人都难免会碰到这样或那样的问题，比如：如何给人留下好印象；如何拉近与对方的距离；如何化解人际矛盾；如何保持良好的友情；如何克服社会交往中遇到的难题；有哪些必须知道的人际交往禁忌……这一系列的问题如果不能很好地得到解决，就会影响我们的人际交往的成败，甚至影响事业的成功。

《一本书掌握社交心理》是我们专门针对人际交往中经常碰到的问题精心编写而成的。本书采用精彩的小故事与心理学理论相结合的方式，分别从人际、爱情、友情等多个与人们生活息息相关的方面，讲述了社交的基本知识和运用技巧，让读者在轻松的阅读中，掌握社交的主动性，帮助读者迅速提高社会交往能力，避免挫折和失败，从而获得事业的成功和人生的幸福。

目录

第一章
心理定律，社交中不可不知的奥秘

　　社交场可以说是磨炼人的战场，有些人总能打赢这场仗，这是因为他们懂得社交心理定律中的奥秘。心理定律是人际交往中较为常见的心理现象和规律，对一个人的行为起着不小的作用，它还能引起其他人产生相应变化或连锁反应。我们每个人都应该掌握其中的奥妙。

诚信定律——人无信则不立

　　早年，在喜马拉雅山南麓，尼泊尔的一个小村子里，很少有外国人涉足。后来，许多日本人到这里观光旅游，据说这是源于一位少年的诚信。

　　一天，几位日本摄影师请当地一位少年代买啤酒，这位少年为此跑了三个多小时。第二天，少年又自告奋勇地再替他们买啤酒。这次摄影师们给了他很多钱，让他买十瓶啤酒，但直到第三天下午那个少年也没回来。于是，摄影师们议论纷纷，都认为少年把钱骗走了。第三天夜里，少年却敲开了他们的门。原来，少年在一个地方只购得四瓶啤酒，于是，他又翻了一座山，蹚过一条河才购得另外六瓶，返回时摔坏了三瓶。他哭着拿着碎玻璃片，向几位摄影师交回零钱，在场的人无不动容。这个故事使许多外国人深受感动。后来，到这儿的游客就越来越多了。

　　故事中的小男孩的确是个诚实的孩子，正是因为他的诚实，才赢得了几位摄影师的信任，也使这个小村子在这位少年的影响下，成了旅游观光的胜地。我们从这个故事中看到了这样一个定律——诚信定律。

诚实守信是一种优秀的道德品质，是做人的基本要求，更是一种崇高的人格魅力。社会交往是人类必不可少的活动，而诚实守信就是交往的名片，是人的保护伞、护身符。

一个人遵循诚信定律，他才能像"信得过"产品一样成为"信得过"的人，得到他人的信任，从而有效地进行社会交往。只有诚信，才能建立与他人友好的交往关系，才能获得社会关系为人们带来的种种便利和好处。

相反，如果哪个人急功近利、弄虚作假、伪善欺诈，那么这个人也就失去了诚信，从而导致他与别人之间的互不信任、相互欺骗，严重破坏人与人之间的真诚坦白、和睦友善的关系，从而使人陷入怀疑一切的境地。这种结果是非常不利于自身发展的。

赞美定律——每个人都希望得到赞美

一位母亲带着孩子来到了心理学家的家里，孩子的母亲说："我这个孩子几乎没有任何优点，让我伤心透了。"于是，心理学家开始从孩子身上寻找某些他能给予赞许的东西。结果他发现这孩子喜欢雕刻，并且工艺很巧妙。但在家里，孩子曾因为在家具上雕刻而受到惩罚。

心理学家便为他买来雕刻工具，还告诉他如何使用这些工具，同时赞美他："你知道，你雕刻的东西比我所认识的任何一个儿童雕刻得都好。"不久，他又发现了这个孩子几件值得赞美的事情。一天，这个孩子使每一个人都大吃一惊：没有任何人要求他，他就把自己的房子清扫得干干净净。当心理学家问他为什么这样做时，他说："我想你会喜欢的。"

美国著名企业家夏布先生曾经说过这样的话，"批评和否定最能够让一个人丧失志气。我从不批评我的下属，我只会鼓励和赞赏他们。我相信，鼓励和赞赏是一个人工作的原动力。如果你问我喜欢什么，那就是真诚、慷慨地赞美他人"。

在这个故事中，为什么起初孩子没有任何闪光点呢？这是因为他的母亲只看到了孩子的缺点，而没有看到他身上的任何优点，而且从来没有赞美过自己的孩子。那么，为什么在心理学家的帮助下，孩子的情况变得和以前大不相同了呢？毋庸置疑，是因为心理学家挖掘了孩子身上的闪光点，并且常常赞美他，使他得到了赏识，从而激发了孩子的原动力，让他开始变得积极、乐观向上。

赞美别人是一门艺术，一句话能把人说笑，也能把人说跳。学会赞美别人，是我们在人际交往中必须要知道的一个道理。美国的一位心理学家这样提醒人们："努力去发现你能对别人加以夸奖的极小事情，寻找你与之交往的那些人的优点和那些你能够赞美的地方，要养成一种每天至少五次真诚地赞美别人的习惯。这样，你与别人的关系将会变得更加和睦。"

人类情感上的需求之一是期望被赞美、钦佩、尊重。别人的尊重和赞美，就如同食物和空气一样对我们很重要。马斯洛的需求层次理论也指出：人在满足温饱之后，最希望得到的就是"自我实现"。可见，喜欢被赞美是人的天性。听到别人赞扬自己的优点，就会觉得自身价值得到了肯定。

当然，赞美别人并不是随意附和，更不是信口开河，那种毫无诚意的赞美只会令人生厌，因此，赞美别人要真诚，而且要迎合对方的心理需求，赞美的话要具体、诚恳。

面子定律——给别人一个台阶

琼斯好不容易找到了一份在高级珠宝店做售货员的工作。虽然不是特别令人满意的工作，但还算不错，所以，琼斯分外珍惜这个机会。

一天，琼斯在整理戒指时，看见另一边柜台前站着一个男人，高个子，白皮肤，年龄大约30岁，但他脸上的表情吓了琼斯一跳，这几乎是20世纪初的贫民缩影：一脸的悲伤、愤怒、惶恐，好像一只掉进陷阱中的野兽。剪裁得体的法兰绒服装已经褴褛不堪，似乎在诉说着主人的悲惨遭遇。他用一种企盼而绝望的眼神盯着那些宝石。

琼斯的心中因同情而涌起一股莫名的悲伤，这时电话铃响了，琼斯急忙去接电话，当她急急忙忙跑出来时，衣袖碰落了一个碟子，六枚精美无比的钻石戒指滚落到地上。琼斯慌忙四处寻找，捡起了其中的五枚，而第六枚却怎么也找不到了。

琼斯想，一定是滚落到橱窗的夹缝里了，就跑过去细细搜寻。没有！她突然瞥见那个高个男子正向出口走去，顿时，琼斯明白戒指在哪儿了。碟子打翻的一刹那，他正好在场。

当男子的手将要触及门把手的时候，琼斯柔声叫住了他："对不起，先生！"那男子转过身来，两人相视无言，足足过了一分钟。"什么事？"他问，脸上的肌肉在抽搐。

琼斯深知在这个社会上生存有多么艰辛，还能想象得出这个可怜人是以怎样的心情看待这个社会：一些人在购买奢侈品，而他却食不果腹。

"先生，这是我的第一份工作，现在找个事做很难，不是吗？"琼斯神色黯然地说。男子久久地审视着她，终于，一丝柔和的微笑浮现在他的脸上。"是的，的确如此。"他回答，"但是我能肯定，你一定会干好这份工作。"停了一下，他向前一步，把手伸给了琼斯，说道："我可以为你祝福吗？"琼斯也立刻伸出手，两只手紧紧地握在了一起。她用低低的但十分柔和的声音说："也祝你好运！"

男子转过身，慢慢走了出去，琼斯目送他的身影渐渐远去，转身来到柜台，把手中握着的第六枚戒指放回了原处。

这篇名为《第六枚戒指》的感人故事中，琼斯明知道戒指是那位落魄的男子拿走的，但她没有大声叫喊或当众指出是男子拿走了戒指，而是采用平和的方式，用简单的几句话触动了男子的心灵，让他主动将戒指还给自己。琼斯的这种做法告诉我们一个道理：给对方一个台阶，让对方不失面子是多么重要。

面子定律是指在社会交往中，要懂得尊重对方，特别是在公开的场合，不要为一些小事情而让对方觉得颜面尽失。如果那样做，对双方都没有任何好处。

纵使别人犯了错，我们也应该做到"得饶人处且饶人"。如果不能为别人保留面子，那么可能会使别人陷入尴尬境地，甚至会毁了一个人的前途。时时想到保全他人的面子，这是何等重要的事情！而我们却很少有人考虑到这个事情。许多人常常喜欢摆架子、我行我素、挑剔……在众人面前指责别人，却没有考虑到这是否伤了别人的自尊心。只要我们多考虑几分钟，讲几句关心的话，为他人设身处地想一下，就可以缓和许多不愉快的气氛。实际上，如果你是个对面子无所谓的人，那么你必定是个不受欢迎的人；如果你是个只顾自己面子，却不顾别人面子的人，那么你注定有一天会成为失败的人。

面子定律在社会交往中是不可忽视的一个重要方面。《圣经·马太福音》中说："你希望别人怎样对待你，你就应该怎样对待别人。"要知道保住别人的面子，就是给别人一个悔改的机会。人人都有自尊心，但很多人却总爱对别人出言不逊，或做法过激，当面令对方挂不住面子，致使双方当场撕破脸皮，互不相让，成为仇人。要知道多一个朋友总比多一个敌人要好得多，因此，人际交往中一定要懂得体谅别人的感受，不要把事情做绝，给别人面子也是给自己留有余地。

谎言定律——善意的谎言是美丽的

很久以前，有一个姑娘一生下来眼睛就失明了。

黑暗是她唯一能看到的，世间的美丽和丑陋她无法得知。

但她一直很快乐，因为母亲说她是村里最美丽的女子。而事实恰恰相反，她是村里长得最丑陋的女子。但她并不知道，她只相信母亲的话，所以，她快乐而骄傲地活着。

转眼间，姑娘到了出嫁的年龄，由于是盲人，长得又丑，所以村里没有一个人愿意娶她。经过母亲的寻找和游说，外村一个断了一只手的小伙子同意娶她。

姑娘的母亲说她只有一个要求，不准小伙子说姑娘长得丑，而是要夸奖姑娘是村里最漂亮的女子。小伙子一口答应下来。

母亲对姑娘说："孩子，我给你找了一个村里面最英俊的小伙子。"

洞房花烛夜，姑娘问小伙子："娘说你是村里面最英俊的人，是吗？"

小伙子说："是的。"

姑娘又问："娘说我是村里面最漂亮的女子，是吗？"

小伙子响亮地答道："是的。你是村里面最漂亮的女子。我

一本书掌握社交心理

爱你。"

姑娘听了小伙子的回答，脸上泛起了羞涩的红晕。从此以后，姑娘活得更加自信了，自己是村里面最漂亮的女子，又嫁给了村里面最英俊的小伙子，还有什么比这更加幸福的事情呢！

又过了一段时间，姑娘的母亲去世了，而姑娘给小伙子生下了一个小男孩。

善良的小伙子从小男孩懂事起就告诉他，不能说自己的母亲长得丑，要说她是这个村里最漂亮的女子。

姑娘继续活在美丽的谎言之中，母亲的谎言、丈夫的谎言、儿子的谎言让姑娘的一生都充满了幸福和甜蜜。

终于有一天，姑娘老了，安详地闭上了眼睛，脸上依旧挂着满足的笑容。

在别人眼中，姑娘是一只丑小鸭，而姑娘自己却活得像一个骄傲的公主。这是为什么呢？只因为她得到了来自母亲、丈夫和儿子的肯定，这就是善意的谎言的力量。

谎言定律，在人际交往中会被不自觉地运用到。它指的是从善意的角度出发，减轻不幸者的精神痛苦，帮助其重振生活的勇气，即使此人以后明白了真相，也只会感激，不会埋怨。如果当时半信半疑，甚至明知是谎话，大多数人仍会感到温暖、宽慰。如果明知会加重对方的精神痛苦，但仍要实言相告，即便不算坏话，也该算是蠢话。

在人际交往的过程中，谎言定律有的时候是一种非常巧妙的交际方法，于人于己都有益处。有这样一句话：善意的谎言是美丽的。当我们为了他人的幸福和希望适度地撒一些小谎的时候，谎言即变为理解、尊重和宽容，具有神奇的力量。父母的一句善意的谎言，让涉世不深的孩童脸若鲜花，灿烂生辉；老师的一句善意的谎言，让彷徨学子不再困惑，茁壮成长……

有句话说"适当的谎言是权宜之计"。由此可知，在某些场合还是有必要说谎的，这种例子，随处可见。所以，谎言不一定全是坏话，而善意的谎言更能促进人与人之间的情感。

相关定律——通过相关的人认识某个人

小方上周陪朋友去参加一个聚会，在聚会上，他看到了一位女士，并对其一见钟情，很想认识对方，但是这位女士当时正在跟其他人交谈，小方不好意思去打扰。聚会上的人，小方几乎都不认识，所以找不到可以引见的人。他想要问问自己的朋友是否认识对方，让他给介绍一下，但是又不知道他朋友这会儿跑到哪里去了。

直到那位女士离开，小方也没有找到机会认识她。他问他那个终于出现的朋友是否认识对方，并仔细地把她描述了一番，结果朋友也说跟对方不熟。但是他的朋友得知小方对那位女士有意思后，又向自己的女朋友打听这个人。原来那位女士是他女朋友的朋友的朋友。当时小方知道这个复杂的关系时，有些失望和泄气。不过，小方还是经历了千辛万苦，成功地认识了对方。现在，小方正在跟她交往呢！

小方为了认识那位女士，真可谓是费了不少周折，但最终还是经过那么多人的牵线认识了心仪的女士，同时也让对方认识了他。这个故事说明了人际交往中的一个定律——相关定律。

相关定律是指人们在进行创造性思维，寻找最佳思维结论时，由于思路受到其他事物已知特性的启发，便联想到与自己正在寻求的思维结论相似和相关的东西，从而把两者结合起来，达到"以此释彼"目的。

这个定律告诉我们：这个世界上的每一件事情之间都有着一定的联系，没有一件事情是完全独立的。要解决某个难题最好从其他相关的某个地方入手，而不只是专注在一个困难点上。比如说，想要赢得你正在追求的对象的好感，可以从她身边的朋友或亲戚入手。

忍让定律——忍让创造人际和谐

有这样一则寓言故事：一天傍晚，狮子爸爸和儿子吃完晚饭，在草原上溜达。走着走着，突然发现前方来了一条疯狗。狮子爸爸就对儿子说："儿子，看见没有，前面来了一条疯狗，咱们赶紧避一避，撤到草丛后面去吧。"

狮子儿子很不情愿，因为在它看来，那条疯狗根本就不足以对自己构成任何威胁，但还是被狮子爸爸推到了草丛后面躲了起来，让这条疯狗大摇大摆地走了。

从草丛后面出来后，狮子儿子满脸的不高兴，生气地对狮子爸爸说："大家都说您是百兽之王，其实您是一个胆小鬼，看见一条狗都怕，还算什么百兽之王？"说完就要离开爸爸。

这时，狮子爸爸叫住了儿子，说："儿子，别生气，听爸爸跟你解释，第一，爸爸如果打赢了这条疯狗，能得到什么好名声吗？别人会说我以强凌弱，这毁了我一世的英名，是不是？"儿子点了点头。

爸爸接着说道："第二，如果在对付疯狗的过程中被疯狗咬了一口，麻烦就大了，还得花钱去打狂犬疫苗，还要坚持打好几年，这显然不合算，是不是？"儿子又点了点头。

狮子爸爸最后说："我们躲避一下，让疯狗过去，互不伤害，大家都好。儿子，你今后一定要记住，不要因为自己强大就随便与任何人搏斗，知道忍让才能避免受到伤害，这才是真正的强者，知道了吗？"

儿子高兴地说："知道了，爸爸真聪明！"

做人要"能屈能伸"，适时的忍让才是明智的做法，因为忍让是创造和谐人际关系的基础。故事中，狮子爸爸的忍让让父子俩与疯狗之间避免了一场争斗。明他人之长、知他人之短、容他人之过，才能和睦相处。忍让是一种素质、一种美德，更是一种胸怀。

试想，在我们周围与我们一起相处的人，因为年龄有大有小，经历不同，性格各异，随时都可能有矛盾和纠纷。吃不得亏、受不了气，一件小事就耿耿于怀、小题大做，甚至大打出手，这不但不利于解决问题、化解矛盾，而且也不利于自己的身心健康。

无论是对人对己，忍与不忍事关重大，忍则心平身安，不忍则祸及身家。所谓"一忍百事成，百忍万事兴"，说的就是这个道理。

因为人的秉性不一样，一旦产生摩擦，如果不懂得忍让，就会撕破脸皮甚至大动干戈，这是为人处世的大忌。"忍一时风平浪静，退一步海阔天空"。在这个世界上，没有解不开的疙瘩，也没有化不了的矛盾。只要大家都做到相互体谅，自然会拨云见日、雨过天晴。

在人际交往中，每个人都应该学会忍让。忍让可熄灭心头的怒火；忍让可消融封冻的江河。有了忍让，你的天空就会一片晴朗；有了忍让，你的人生道路就会无比宽广。

双赢定律——双方各有所得的益处

16世纪时，很多科学家的处境都很艰难。意大利天文学家及数学家伽利略就是其中之一。当时，由于缺乏科研经费，伽利略的研究和生活都很困难，为了获得当权者的支持，伽利略决定把自己的发现和发明当作礼物送给当时的一些权贵，希望从他们那里得到赞助，以便继续从事研究工作。

1610年，伽利略发现了木星最亮的四颗卫星。他把这个发现集中呈献给当时最有权势的寇西默家族。伽利略在寇西默二世继位的同时宣布：自己从望远镜中看见一颗明亮的星星（木星）出现在夜空上。伽利略表示，卫星有四颗，代表了寇西默二世与其三个兄弟，而卫星环绕木星运行，就如同这四个儿子围绕着王朝的创建者寇西默一世一样。

在将这项发现呈献给寇西默家族的同时，伽利略委托他人制作一枚徽章——天神朱庇特坐在云端之上，四颗星星围绕着他。伽利略把徽章献给了寇西默二世，象征他和天上所有星星的关系。

寇西默二世获得这巨大的荣耀后，很高兴，他立即任命伽利略为其宫廷哲学家和数学家，并给予很高的年薪。这对一名科学家而言，意味着有了良好的物质条件就可以从事研究工作了。就这样，伽利略贫穷困苦的日子终于结束了。

伽利略运用了双赢定律，拉近了他与贵族之间的关系，并恰到好处地使贵族们获得了名声与荣誉，同时，让自己也获得了物质上的帮助，从而能够继续从事科研活动。

在现代生活中，很多人在与人交往时，只是一味地抱怨别人不付出、不帮助自己，却没有想到怎样去帮助别人。因此，这些人的人际关系很糟糕，并且始终没有找到改善的方法。

没有人不喜欢鲜花、掌声。当你把荣耀的桂冠戴在他人的头上时，你也可以从他那里得到鲜花，这就是在任何时候都适用的双赢定律。双赢定律其实是一种智慧，在给予别人帮助的同时也接受别人的帮助，双方最终将获得独自奋战所不能拥有的东西。

双赢就是各有所得、皆大欢喜。很多时候我们所拥有的东西是别人所羡慕的，而别人所拥有的也正是我们所缺乏的，在这种情况下，如果我们懂得主动把自己的所得赠予他人，则能换回自己所需要的，而这样做双方都不会损失什么，相反，还会拥有更多。

工作中你所取得的成绩，会给你带来一定的荣耀，在荣耀到来时，你一定要把这份荣誉分享给上司、同事，把鲜花献给他们，否则，独享荣耀的后果，会严重影响你在公司的人际关系。

异性效应——男女的相互吸引作用

1951 年的冬天，中国的丝绸之路上刮着凛冽的寒风，一支奇特的队伍映入人们的眼帘——这是一支由 200 多辆军用卡车组成的绿色长龙，它们从兰州出发，由东向西缓缓蠕动。车上盖着严严实实的帆布篷，给人一种神秘、神奇之感。这就是新中国诞生不久第一代大西迁的中国女兵。

这群女兵要走向哪里？为什么又如此匆匆地上路呢？在新中国成立后不久，王震将军便马不停蹄地率领 20 万大军开进西北边疆，当时他们遇到了一系列的困难和挑战，内有土匪，外有敌人，吃穿用等条件都十分艰苦，更令他们头痛的是，官兵普遍大龄，团以下几乎是清一色的"光棍队"。要开垦、要戍边、要保卫大西北的安全，如何使这部分人安下心来呢？斟酌再三，唯一有效的办法就是尽快解决官兵的婚姻问题，解决严重的男女比例失调问题。后经党中央批准，一场大规模的女兵西迁进疆活动就这样开始了。

一位当年屯垦戍边如今已是满头银发的老人回忆说："到了这里才发现，我们既不是扛枪站岗放哨的兵，也不是头戴白帽、身穿白褂的白衣天使，而是当了一名'庄稼兵'，在茫茫的大漠里和男战士们一起种庄稼。"这些温柔活泼的女性，在与军垦官兵的共同生产生活中，渐渐结下了深厚的友谊，使昔日寂寞单调的军营生活充满了欢乐和生机。随着时间的推移，不久，这些来自内陆的姑娘们纷纷和军垦官兵们恋爱结婚，在天山南北扎下了深深的根。如今她们中有的人已成了著名的女医生、女教授、女科学家或女劳动模范。在昔日荒漠上拔地而起的石河子、奎屯、阿拉尔等一座座新兴城市，都有着她们的汗水及血泪的奉献。她们是新中国成立后边疆开发史上一座座无悔的亮丽丰碑，她们的"固疆"献身事迹及意义将永远载入中华人民共和国的史册。

在人际关系中，异性接触会产生一种特殊的相互吸引力和激发力，并能从中体验到难以言传的感情追求，对人的活动和学习通常起着积极的影响。这种现象被称为"异性效应"。

异性效应形成的原因与男女之间的生理和心理特点有关。在生理上，男性女性的体力及耐力之间存在着差异，可以互补；在心理上，女性一般比男性更细心、更有耐心，也可以互补。另外，从感情方面来讲，人们都需要异性的欣赏；从人的自尊心来讲，每个人都好面子，特别是在异性面前，因此，男女搭配干活儿更能提高工作效率。

异性效应是一种普遍存在的心理学现象，这种效应多发生在青少年身上。由于异性效应，青春期的男女学生都希望引起异性的关注，都希望能以自己某些特点或特长引起异性的关注。比如在有两性共同参加的活动中，参加者一般会感到心情愉快，较之只有同性参加的活动，他们会表现得更出色。这是因为当有异性参加活动时，异性间心理接近的需要得到了满足，因而会使人获得不同程度的愉悦感，并激发起内在的积极性和创造力。

当然，在与异性交往中，不能滥用异性效应。女性外表漂亮，讨人喜欢，如果再加上交往得当，在异性面前办事容易，这是正常的现象。反之，若为达到某一目的，用色相去引诱别人，那就不道德了。男性对异性，尤其是年轻漂亮的异性热情些、客气些无可非议，但如果对异性图谋不轨、想入非非，就超越了正常交往的界线了。因此，在与异性交往中要把握好"度"，适可而止、恰到好处。

互惠定律——让对方产生负债感

心理学家做过这样一个实验，很好地说明了互惠定律是怎样被那些熟悉它的人所运用的。在这个实验中，一个实验对象被邀请参加所谓的"艺术鉴赏"活动，让他与另一个实验对象一起给一些油画评分，另一个实验对象（乔）其实是假扮的，他的真实身份是实验主持者的助手。

为了达到目的，实验在两种情况下进行。第一种情况，乔主动给那个真正的实验对象送了一个小小的人情：在中场休息时，乔出去了几分钟，然后带回来两瓶可乐。一瓶递给了实验对象，另一瓶留给了自己，并对实验对象说："我问他们（主持实验的人）能不能买瓶可乐回来，他们说没问题，所以我也给你带了一瓶。"在另一种情况下，乔没有给实验对象任何小恩小惠。

在给所有的画打完分以后，主持实验的人暂时离开了房间。这时，乔要实验对象帮他一个忙，他说他在卖彩票，如果他卖的彩票最多，就能得到50元钱的奖金。他请实验对象帮忙买一些两毛五分钱一张的彩票，并说："买几张都行，当然是越多越好了。"

这才是实验的真正目的：比较两种情况下实验对象从乔那里购买的彩票的数量。毫无疑问，那个先前接受了乔的可乐的人更愿意购买彩票。因为他觉得自己欠了乔，因此他购买的彩票是另一种情况下的两倍。这就是互惠定律产生的效果。

为什么我们明明不喜欢某个人，却对他提出的要求无法拒绝？为什么很多超市总喜欢做一些"免费试用"、"免费品尝"的活动？一切就在于互惠定律起了很大的作用。互惠定律也就是说受人恩惠就要回报，这在所有的社会组织中都是不可缺少的元素，否则人类将无法发展。而且这一原理在每一个社会组织中都运用得非常普遍，几乎遍布到每一种交换形式中。

互惠定律可以让人们答应一些在没有负债心理时一定会拒绝的请求。因此其威力也就在于：即使是一个陌生人，或者是一个不讨人喜欢或不受欢迎的人，如果先施予我们一点小小的恩惠，然后再提出自己的要求，也会大大提高我们答应这个要求的可能性。

为什么互惠定律有如此的威力？关键就在于那种令人难以忍受的负债感。由于互惠定律对人类社会的进步起到了很大的作用，这种负债感对每一个人来说都是一副迫不及待要卸下的重担。一旦受惠于人，就如同芒刺在身，浑身都不自在。而我们之所以会痛痛快快地给出比我们所收到的多得多的一切，就是为了尽快使自己从这样的心理重压下获得解放。

从另一方面来讲，一个人如果接受了人家的恩惠却不打算回报，这在社会群体中是极不受欢迎的。当然，如果是由于条件或能力不允许而不能回报人家的恩惠，也并不是完全不能得到大家的谅解，但一般来说，整个社会对不遵守互惠定律的人的确都有一种发自内心的厌恶感。

互补定律——性情互补产生吸引力

比尔·盖茨开始经营微软公司后，他真正的兴趣是在软件开发上，并逐渐觉得自己欠缺管理经验，便找来自己的朋友鲍尔默来帮助自己。鲍尔默正好是个管理方面的天才，他热情，善于调动员工的积极性，对他来说管理工作是充满乐趣的。鲍尔默说："比尔以其独有的才华为产品和技术战略调制配方，但是CEO（首席执行官）的职责并不仅于此。我们达成默契，认为他应该集中精力完成这些别人无法完成的工作，而我则更为高效地扮演CEO的角色。"比尔·盖茨和鲍尔默之间就形成了很好的能力互补，共同缔造了微软帝国的神话。

一个人在诸多方面的发展是不平衡的，必然有所长和有所短，有优点也有缺点。一项事业，往往需要不同类型的人才，形成互补，才能处理好各方面的事情。这就决定了能互补的人之间容易互相需要、互相喜欢。

其实，在现实生活中，性格相似的人更容易成为朋友，但只要我们稍微留意一下就可以发现，不仅性格相似的人会相互吸引，性格差异较大的人也能够建立较为亲密的关系。这表明人不仅有被认同的需要，也有从对方获得自己所缺乏的东西的需要，这就是互补性。

互补性是指在需要、兴趣、气质、性格、能力、特长和思想观念等方面存在差异的人，可以在活动中产生相互吸引的关系。当交往双方的需要和满足途径正好成为互补关系时，就会产生强烈的相互吸引力。

生活中的互补一般可分为两种情况：一种是交往中的一方能满足另一方的某种需要或弥补某种短处，那么前者就会对后者产生吸引力。如能力强、有某种特长、思维活跃的人对能力差、无特长、思维迟缓的人来说就具有吸引力。依赖性特别强的人愿意和独立的人在一起；脾气暴躁的人和脾气温和的人能够成为好朋友；支配型的人和服从型的人能够结为秦晋之好，可以想象，如果两个都是支配性的人结为夫妻，那家中必会硝烟四起。互补的另一种情况是他人的某一特点满足了一个人的理想，从而增加了其对这个人的喜欢程度。如一个看重学历而自己又失去拿高学历机会的人，会尤为看重高学历的朋友等。

总之，在人和人交往中，一定要懂得相似、互补的原理，懂得了这一定律，你就会在人际交往中找到知己，获到对方的好感和喜爱。

第二章
洞察人心，读懂他人的心理奥秘

在社交场合，识人最重要的就是"快"和"准"，容不得你细细品味、慢慢揣摩。正所谓快人一步，胜人一等，若想迅速破译对方的心理密码，就要做到见微知著，这样才能在人际交往中一马平川。

从穿着风格洞察对方心理

有位友人，他所在公司的老总着装喜欢端正严肃，可初涉职场的他偏偏上班第一天就休闲打扮，结果老总明确指出他这般着装与公司风格不符。后来，尽管他确实有所改变，但是领导的第一印象却很难有质的改变，几年下来往往是批评有余，提升无望。

后来，这位友人换了一个单位，基本全天候西装出镜，即便是夏天也坚持每天都穿着正装上班，于是新单位的领导对他的端正态度十分肯定。领导约见客户的时候，他陪同的机会也多于和他实力相当但是着装不如他正式的同事，即便别人随后也开始注重着装，但给领导留下深刻印象的第一个人永远是他，他的事业自然也峰回路转。

一次饭后他坦言，当初让他脱掉学生时期穿惯了的休闲装，穿上直线条的西服和硌脚的皮鞋，真是极不适应，但是和后来在公司里遭遇的那些不快比较起来，这几乎可以忽略不计。"穿西服哪怕你穿得不舒服也没人说你不对，可若是由着自己的性子来穿，等到你知道不对的时候，就不只是不舒服那么点儿事了。"

服装可以说是人的第二层皮肤，从一个人的穿着打扮就能看出他的职业、品位等，同时也能折射出他的个性与心理。通过衣着打扮，可以从他的着装风格，洞察对方的心理，看到在其表面背后隐藏的真实心理。

1. 衣着整洁、讲究，容不得半点马虎的人

这种人懂得如何利用自己的衣着博得别人的认同和赞扬，获得成功是因为他们足够聪明。他们非常在意外界的反应，这也在无形中帮助自己养成了敏锐的观察力。为了保持衣着的整洁，他们不会轻举妄动，谨慎小心地迈出每一步，但缺乏大胆的设想和冒险精神。他们往往为了外表而花费大量的财力、精力和物力，一门心思地想要赢得别人的目光和夸奖，而忽略了内在的涵养。

2. 喜欢穿流行外衣的人

这种人的思想还处于不完全成熟的阶段，也没有形成自己独特的审美观，无法对事物进行正确的判断，反映在穿衣上就是不知道哪种款式的衣服适合自己，只好盲目地追随别人，跟着当前的流行趋势走。

3. 喜欢色彩鲜明、缤纷亮丽的服装的人

这种人性格上比较活泼，思想也比较单纯，对生活的态度也是积极、乐观向上的。他们多是比较聪明和智慧的，而且不乏幽默感。同时，他们自我表现的欲望也比较强，常常会制造一些惊喜，给人带来耳目一新的感觉，并借此吸引他人的目光。

4. 喜欢单一色系和款式的人

这种人不论男女老幼，性格大多很爽朗，富有朝气，让人有亲切感。他们有着很强的自信心，一旦确立了目标，往往能够勇敢地迈出实践的第一步。对待事物的好坏有明显的态度，而且能够用自己的眼光区分出哪是好、哪是坏，并进行果断的抉择，不拖泥带水。他们性格上的最大优点是坚决果断、从不拖延；缺点是骄傲自大，从来不把他人放在眼中，总是坚信自己的一切都是对的，讨厌别人对自己的想法和行为指手画脚。

5. 喜欢追求名牌服饰的人

这种人对生活充满信心，热情洋溢、活力四射。但是，他们很可能依附性过强，精神上缺乏独立性。这样的人往往有学历、有地位、有能力，既会大把大把地挣钱，又会大把大把地用钱装扮自己。他们爱慕虚荣，内心比较空虚，所以才用那些名牌服饰来填补自己的空虚。

6. 喜欢自然宽松打扮的人

这种人不太讲究衣服的剪裁和款式是否合身。他们常常以自我为中心，而融不到其他人的生活圈子里。他们有时候很孤独，也想和别人交往，但在与人交往的过程中，又总会出现许多的不如意，所以到最后还是以失败而告终。他们大多没有朋友，可一旦有，就会是非常要好的。他们性格中害羞、胆怯的成分比较多，不容易接近别人，也不易被别人接近。一般来说，他们对团体活动不感兴趣。

总之，穿着打扮在你的社会交往中是非常重要的，因为穿衣风格决定着一个人的真实心理。如果穿着不当，很可能会使自己失去更多的朋友和客户。

从妆容透视心理

小美在一家广告公司上班，虽然公司的女同事几乎都化妆，但别人都是化淡妆，她却是浓妆艳抹，天天打扮得花枝招展。

每天早上她都要花费一个小时的时间来化妆。打粉底、画眼线、眼影、涂抹口红等，就算步骤再烦琐她都不厌其烦，天天如此。有的同事在背地里说她的妆化得太浓。但小美仍旧我行我素。

有一天，公司老总和小美谈话，建议她的妆容要适当"收敛"一点儿，否则，会影响公司的形象。小美听了很不高兴，她说："化这样的妆，我已经习惯了，如果不这样我会对自己没信心的。"最终，她被老板炒了鱿鱼。

"爱美之心，人皆有之"、"女为悦己者容"，随着物质文化的发展，人们生活水平的提高，越来越多的人加入了化妆这支队伍当中，而且由于高科技的加入，使得更多人的原貌开始失真。但是万变不离其宗，不管人们如何刻意打扮自己，他们的真实性格是无法掩饰的，恰恰相反，化妆却将他们的性格更加清晰地显露出来。

像故事中的小美那样喜欢浓妆的女人，通常表现欲望极强烈。他们总希望用一种极端的方式吸引他人的目光。前卫和开放是他们的思想特征，他们对一些大胆和偏激的行为保持热衷的态度，但是他们待人热情，比较坦率。

喜欢淡妆的人没有太强的表现欲望，常有一种"命里有时终须有，命里无时莫强求"的生活态度，对待万事则以顺其自然的态度处之。他们大都属于聪明和智慧的人，不会将时间和精力都耗费在梳妆台前，往往有着自己的设想，而且也有为理想拼搏的行动和勇气，所以，他们中的很多人能获得成功。他们最希望的是得到别人的尊重、理解和支持。

将大部分时间花费在化妆上的人往往为了完成自己的目标不惜花费巨大代价，任何事情都追求尽善尽美，属于典型的完美主义者，他们做事大多能持之以恒。但由于他们太注重外表形象，容易给人一种肤浅的感觉。

一些从小就开始化妆的人，会将多年养成的那套化妆理论和方法延续到成年，甚至中年和老年。其实这是一种怀旧心理使然，美好的过去让他们回味无穷，忘记现实中的烦恼和不如意，但他们依然保持头脑清醒，不会沉迷其中而忘记现实。他们讲究实际，会极力把握住现在的所有，他们热情善良、善解人意，拥有很多可以推心置腹的朋友。由于善于满足，他们难以享受时代发展带来的新奇和美好。

不喜欢化妆的人信奉的是"清水出芙蓉，天然去雕饰"，而这种出自大自然之手的美往往会给人一种耳目一新的感觉。他

一本书掌握社交心理

们看待问题不喜欢停留在表面，会静心地探究事物的实质，看人也是用自己的眼光去剖析，但他们对人对事喜欢保持公平的态度，善于息事宁人。

表情是解读心灵的密码

东周魏国的梁惠王雄心勃勃，广招天下高人名士。有人多次向梁惠王推荐淳于髡，因此，梁惠王连连召见他，每一次都屏退左右与他倾心密谈。但前两次淳于髡都沉默不语，弄得梁惠王很难堪。事后梁惠王责问推荐人："你说淳于髡有管仲、晏婴的才能，哪里是这样，要不就是我在他眼里是一个不值得交谈的人。"

推荐人以此言问淳于髡，他听了只是笑笑，回答道："确实如此，我也很想与梁惠王倾心交谈。但第一次，梁惠王脸上有驱驰之色，想着驱驰奔跑一类的娱乐之事，所以我就没说话。第二次，我见他脸上有享乐之色，所以我也没有说话。"

那人将此话转告梁惠王，梁惠王回忆当时的情景，果然正如淳于髡所言，他不禁佩服淳于髡的识人之能。

表情是内心活动的写照，是心理变化的显示器。只要我们仔细观察、细心分析，就不难从千变万化的表情中把握住对方心灵的律动了。

19世纪著名的乡土作家埃尔伯特·哈伯德写过这样的华美词句："人的面孔是上帝的杰作，眼睛是灵魂的窗口，嘴部是肉欲的标记，下巴象征着决心，鼻子表现出意志，但在这一切之上而又隐藏于这一切之后的，是我们称之为'表情'的某种瞬间。"现代心理学对于表情的定义是这样的：表情是情绪的外部表现，是由躯体神经系统支配的骨骼肌肉运动，是感情活动的外显行为。所以说，表情常常能够反映出一个人的心理。

表情是无声的语言。当人们与他人交往时，都会下意识地表达各自的情绪，与此同时也会注视着对方做出的各种表情。几乎在所有的生物中，人的表情是最丰富，也是最复杂的。最新研究显示，人类具有21种不同的表情。正是基于这点，人们的社会交往才变得复杂而又细腻深刻。

在许多时候，我们可以通过对脸部表情的具体观察来看透对方。美国心理学家拜亚曾经做过一项实验：他让一些人做出愤怒、恐怖、诱惑、无动于衷、幸福、悲伤等几种表情，再将录制后的录影带放映给很多人看，请观众猜何种表情代表何种感情。其结果是，观看录影带的这些人，猜对者占了一半以上。

从这个实验可以看出，表情对揭示人的心理状态有很大程度上的可取性。

然而许多时候，人会用"面无表情"这种表现来掩饰自己的真实心理。这种表情可能意味着他不愿让别人轻易地看出自己的真实想法。

还有些人，脸上的表情跟内心的情绪恰恰相反，这是因为他们在潜意识里不愿让人看出自己的心理变化，所以会以其他表情来阻止情感的"外泄"，刻意隐瞒自己的喜怒哀乐。

大多时候，愤怒、憎恨、悲哀等感情能够从面部表现出来，很容易成为阻碍正常社会活动的因素，所以人们都设法控制这种负面的感情，而尽量表露出欢喜或幸福的正面情绪。在社交生活中，我们应该尽量给别人传递一种乐观向上的情感，注意控制自己的负面表情。

从眼神分析对方的心理

小李是一名快递员，每天都要外出收送快递，平时工作很辛苦。为了挣钱养家，他很节省，不舍得花钱买件像样的衣服，穿着很是寒酸。

一次，他去给一栋别墅的主人送快件，开门的是一位阿姨，她看到小李热得满头大汗，赶忙说"小伙子，辛苦了"，并用温和体贴的眼神看着小李，让他进屋喝口水。小李的确很渴，便跟着阿姨进去了。进屋后，一位穿着华丽的妇人看到小李后，从上到下打量了小李一番，然后冲着小李翻了个白眼，转身进了另一间屋子。

从妇人的眼神中，小李明显地看出她对自己的轻视，因为她用眼神上下打量自己一番后又翻了个白眼，从这些眼神中表现出了妇人的心理。

俗话说"眼睛是心灵的窗户"，因为它会毫不掩饰地表现出一个人的态度、情绪、趣味和品性。比方说自信者，眼神坚毅、深邃；自卑者，眼神晦暗、迷茫；心胸坦荡、为人正直者，目光明澈、坦诚；心胸狭窄、为人虚伪者，眼神阴险、奸诈；目光执着的人，志怀高远；眼神浮动者，为人轻薄，等等。

根据眼神的变化，我们可以将一个人的心理猜个大概：

（1）初次见面先移开视线者，多喜欢处于优势地位，争强好胜。

（2）在谈话中注视对方，表示其说话内容为自己所强调，希望听者能及时做出回应。

（3）在谈话时，如果目光突然向下，表示此人已转入沉思状态。

（4）一直盯着对方的眼睛，心中定是另有隐情。

（5）被对方注视时，便立即移开目光者，是一种自卑的表现。

（6）看异性一眼后，便故意转移目光者，表示对对方有着强烈的兴趣。

（7）俯视对方者，欲表现出对对方的一种威严。

（8）喜欢斜眼看对方者，表示对对方怀有兴趣，却又不想让对方识破。

（9）视线左右晃动不停，表示这个人正在冥思苦想。

（10）视线不集中于对方身上，目光转移迅速者多表现为性格内向。

（11）尽管视线在不停地移动，但当出现有规律的眨眼时，表现为思考已有了头绪。

眼神的表现多种多样、千变万化。有表示拒绝的眼神；有表示气愤的眼神；有表示感兴趣的眼神；也有表示心怀戒备的眼神，等等。

在社交中，当你发现别人在看你时，你得到了对方在注意你的信息，而且也获悉交际渠道已经敞开。依据持续注视的特征，你就可以发现，他对你的感情是喜欢还是讨厌，或者是中性感情。你也许还需做出某种反应，是改变还是继续这种关系。久久凝视表示对某人怀有特殊兴趣；中止注视则表示漠不关心，缺乏兴趣或对人缺乏尊重。我们可以通过眼神在社交中表达自己的情感，也可以通过眼神分析出对方的心理。

肢体语言，内心世界的真实反映

有这样一个故事：一个人走进饭馆要了酒菜，吃完饭后摸摸口袋发现忘了带钱，便对店老板说："店家，我今日忘了带钱，改日送来。"店老板连声说"不碍事，不碍事"，并恭敬地送客出门。这个过程被一个无赖看在眼里。他假装斯文，进店要了酒菜，吃罢又假装摸了下口袋，对老板说："店家，我今日忘了带钱，改日送来。"谁知老板脸孔一板，揪住他，非剥他衣服不可。无赖不解，便问："人家赊账可以，我为什么不行？"店家说："人家喝酒一盅盅地斟，斯斯文文，吃罢掏出丝绢揩嘴，一看就是个有德行的人，岂能赖我几个饭钱？你呢，狼吞虎咽，吃上瘾来，脚蹬上条凳，端起酒壶直接往嘴里灌，吃罢用袖子揩嘴，分明就是个居无定所、食无完餐的无赖之徒，我岂能饶你？"老板一席话说得无赖哑口无言，只得留下外衣，狼狈而去。

从故事中可以得到这样的启示：在人际交往中，必须注意自己的形象，讲究肢体语言的表达。因为它是人的思想感情与文化修养的外在体现。一个品德端正、富有涵养的人，其动作必然优雅；一个低级趣味、缺乏教养的人，是做不出高雅的动作来的。因此，人们可以通过自己的肢体语言展示自己的风采，亦可以通过他人的动作和姿势了解其性格特点。

人的肢体是身体的重要组成部分，它们可以直观地反映出人们的心理活动。

当人们在坐着的时候，上身向后或左右微倾，表示心理上的放松；若倾斜较大时，则表示出厌恶；身体板直，面部肌肉僵硬，或者上身紧靠椅背而坐，表示此人正处于紧张状态；身子向前微倾，表示对对方的话感兴趣，或是想阻止对方继续讲

一本书掌握社交心理

下去。

当人们耸肩的时候，反映出人的内心不安、恐惧或在自我夸耀；一边耸肩一边摇头，则表示对方不知道、不理解或无可奈何。

当有人在抽烟的时候，如果突然熄掉烟，或者把它搁在烟缸上，不再悠悠然地吞云吐雾，这说明他的心情突然变得十分紧张。吸烟者在特别紧张的时候是不抽烟的，往往会把烟头掐灭；而在愤怒时，则常常会大口大口地吸烟。

当有人在会上讲话，而下面有一个人用手在桌上叩击出单调的节奏，或者用笔杆敲打桌面，同时脚跟在地板上打拍子，或抖动脚，或用脚尖轻踏地板，且节奏连续不断时，这就是在告诉对方："我已经对你所讲的话感到厌烦了！"

还有人会在听着听着的时候，慢慢地用手扶着头，并且视线朝下，似乎对说话者不屑一顾，这也是"不耐烦"的表现。也有的人会顺手拿过或摸出一张纸来，在纸上乱涂乱画，涂画之余，还会欣赏或凝视自己的"作品"，这也是对讲话缺乏兴趣的常见表现。

打电话的动作暴露性格特点

单位业务部刚招来一位经理，老总给他一个月的试用期，让他努力工作。

这位经理上任后，他的秘书小白在经过几天的观察后，发现这位经理有个习惯，就是在每次打电话之前都要事先准备好便条，然后才开始打电话。在与对方通话的过程中，还不时在便条上记着什么。

一天，老总问小白那位新到的经理怎么样？小白说每天按时上下班，从不迟到早退，而且他有一个奇怪的习惯，那就是接电话前总是先准备好便条。老总听后笑了笑走了。第二天，小白就听说这位新来的经理提前转正了。小白很纳闷，他才上班不到一周啊，怎么就提前转正了呢？后来，小白得知是老总听他说了这位新来的经理那个奇怪的习惯后，认为新来的经理是一位注重细节、绝不会敷衍了事的人。因此，便毫不犹豫地将他提前转正了。在之后的工作中，这位经理果然用实际行动证明了老板的推断是正确的。

我们的许多行为举止，在平时看来多是无意的，但从这些无意之中却能流露出人的性格特点，例如接打电话。大多数人在接打电话时，都会做出不同的姿势，流露出不同的语气，我们可以根据这些姿态和语气的特点，揣摩他们的心理和性格特点。

1. 悠闲型

这类人打电话时习惯把桌子最下层的抽屉拉出，并且把它当成垫脚石，这个动作暗示着他所付诸努力的事情进展得很顺利，已经成功在即了。所以这个动作并不意味他悠闲自得下的懒散。相反，是他积极进取，为目标不惜牺牲任何代价的体现。在事业上他往往拥有属于自己的一片天空。还有一种悠闲姿式就是习惯把脚放在桌子上。在他看来，一切都尽在自己的掌控之中，不会跳出自己的计划。他的放松显示出他的优势要远远胜于对方，或对自己的所作所为有十足的把握。对他而言，满意的结果十拿九稳，所需要的只是时间上的等待。

2. 信手涂鸦型

一边通话，一边在纸上随便写些字或数字，并从来没有想过这些符号或线条代表什么意义。这类人大多具有艺术才能和气质，富于幻想且不切实际。不过他们独具的愉快及乐观性格使他们经常可以较容易地渡过难关。丰富的想象力和幽默感更会使他们赢得不少朋友。一般来说，他们的抽象思维与逻辑思维能力也很强，凡事喜欢琢磨。

3. 摇曳不定型

这种类型的人坐在椅子上打电话时，总是不自觉地转动椅子，表明他们有心理上的优势，认为自己能掌握一切或信心十足地认为事情会朝着对自己有利的方向发展。但，当情况逆转，他们的姿势也一定会做一百八十度的大转变，他们会立刻停止这种摇摆的动作，同时握紧双拳，把面前的东西拿起来后又重重地放下。这种人有强烈的支配欲望，他们对意料之外的情况，常常在忧患之间爆发愤怒。

4. 倾注型

他们在打电话时眼神仿佛在注视着话筒的另一端，这表示他们想把更多的资讯传达给电话另一端的交流对象，而且他们所提供的信息远比对方给予的多。这说明他们喜欢与人分享，无论是开心的事情还是伤感的事情。同样，他们也希望得到对方的支持和理解。

5. 边记边说型

这类人在通电话前，喜欢事先准备好便条。这说明他们思维缜密，对于自己的工作有很严谨的规范，会注意到细节，绝不会敷衍了事，是很善于把工作做好的人。还有一类是那种讲电话讲到一半才开始找便条的人，是做到哪想到哪的人，这说明他们做事没有计划，喜欢随机应变。他们也会给人轻率、不够沉稳的感觉。

6. 摆弄姿势型

有人在打电话时，如果对方为异性，他会下意识地注重自己的仪表、姿势等，会摸摸脸、头发等部位。有些女性在打电话时表情好像是对着镜子梳妆打扮一样，这通常是和男朋友或怀有好感的男性说话时所流露出来的下意识动作和表情。

说话的语气显露心情

下周就要进行教师资格证考试了，我请了假在家里复习。中午的时候，姐姐带着自己的两个小孩过来，说明天要去一趟外地，要母亲帮忙照看一下孩子们。母亲很乐意地答应了，我没什么意见，只要孩子们不到我房间来打扰我就行。

第二天上午，母亲出去买菜，孩子们被留在家里。两个孩子非常活泼好动，没人管着他们就更加肆无忌惮了，他们不但在隔壁的房间闹腾，还总是来吵我，一会儿叫我帮他们找玩具，一会儿叫我给他们拿零食。我被他们吵得没有心思看书，把他们训斥了一顿。晚上，姐姐来接孩子们，我语气非常不好地对她说："快点把他们接走，吵死了，让我看不了书，我考试要是过不了你们负全责！"姐姐听后回了我一句："考不好就考不好，就你这暴脾气，当了老师也难以为人师表！"

从故事中主人公说话的语气，明显可以听出由于孩子们的打闹，让她感到烦躁，也没有心情学习。显然，姐姐听了她的话以后也有些生气，话语中带着讽刺意味。

无论我们在任何场合说什么话，都会运用一定的语气。可见，语言的表达和语气是密不可分的，语气通过语言表达出来，而语气比语言更具有个人感情色彩。个人的心态和精神状况可以直接由语气传达出来。谈话者可以通过对发音器官的下意识控制和使用来体现不同的语气。因此，在社会交往中，我们可以通过对方的说话语气来判断对方的心情。

说话语气大且直的人，他们的性格多是比较粗犷和豪爽的。他们脾气暴躁、易怒，容易激动，为人耿直、真诚、热情，说话直截了当，想什么说什么，从来不会拐弯抹角绕圈子。这一类型的人多喜欢据理力争。他们有时会在紧急情况下充当先锋，起召唤、鼓动的作用，但有时候也会在不知不觉当中被他人利用。

语气柔和的人，男性多忠实厚道、胸襟开阔，有一定的包容力和忍耐力，能够听取他人的意见和建议，但同时又不失自己独到的见解。他们具有同情心，能够关心和体谅他人。而这一类型的女性则多比较温柔善良、善解人意，但有时候也因为喜欢多愁善感而显得过于软弱。

一些轻声细气者，他们在为人处世各方面大多比较小心谨慎，他们具有一定的文化修养，说话措辞非常文雅，而且总是显得十分谦恭。一般情况下，他们对别人都相当尊重，他们比较宽容，从不刻意地为难、责怪别人，而是喜欢采用各种方式不断地缩短与别人之间的距离，拉近彼此之间的关系，尽量避免一些不必要的麻烦。

总之，语气能体现一个人的真实心情。只要我们仔细分辨就一定能从说话语气上了解一个人的态度和想法。

从交换名片的方式探知对方心态

名片，从某种程度上说也算是认知他人的一个窗口，并且，它早已成为社交活动中不可或缺的一部分。但是，仅从名片去认识一个人还不够，我们还应注意人们交换名片的方式。因为，交换名片的方式有时可以直接反映出对方当时的心态。

比对方先拿出名片常表示自己有诚意。先拿出名片，并在递给对方名片时介绍自己的人，表明很重视对方。同时，他也在表示：希望对方也能同样重视自己，记住自己的名字。

对方拿出名片时，用双手接过来表示尊敬、对对方有好感，同时这也是有礼貌的表现。用双手接过名片的人一般都是有修养的人。

接过对方的名片后，自己不递名片且没有任何反应，则表示拒绝与对方交往。如果接过对方名片后，以"名片用完了"或"暂时没有名片"为借口搪塞的人，要么比较草率随意的确没带名片，要么此人为人处世小心谨慎。

在人际交往中递交名片有几个基本的原则：

（1）年轻者先递名片给年长者，男士先递名片给女士，非官方先递名片给官方。

（2）伴随长辈或上司拜访，绝不能比他们先递出名片。

（3）参加会议时，应该在会前或会后交换名片，不要在会中擅自与别人交换名片。

在递交名片时遵守以上几个原则的人，是知礼懂礼的人，他们一般都能给人留下一个良好的印象。而交换名片的方式也有很多种，我们还可以从以下几种情况，分析一下他人的性格。

1. 到处散发名片

不分场合、对象，像散发传单一样，乱发名片的人很有野心，喜欢抬高自己，是个自我表现欲极强的人。他们把名片发

第二章 洞察人心，读懂他人的心理奥秘

出去之后，甚至会忘掉是在何时何地把名片给了谁。他们外表看起来很认真、干练，但实际上往往轻诺寡信，在交际方面表现得不够诚恳。

2. 附记时间地点

在交换名片后，附记交换的时间、地点等信息的人，做事细心谨慎。这种人兴趣广泛、头脑灵活，很会出谋划策。他们的交际方式十分独特，能够用心去经营与朋友的关系，因此，他们的朋友特别多，而这也是他们走向成功的一个重要因素。

3. 经常忘带名片

以小见大，经常忘记把名片带在身上的人对生活和事业缺乏系统安排，为人处世较为轻率，行为粗枝大叶而且缺乏远见。这种人是喜欢及时行乐的人，他们不喜欢按照常理出牌，办事比较随意。

4. 把名片作为吹嘘的资本

有些人经常没事就掏出一大堆别人的名片，夸耀自己同这些人的关系非同一般。这是炫耀心理在作祟，掏名片的目的非常清楚，这是他们夸耀和显摆自己的一种方式，希望他人能够对自己另眼相看。实际上，这正反衬出他们的交际心理，他们迫切希望自己得到别人的认可。这种人多属于以自我为中心的类型。尽管如此，这类人的口才大都很好，活动能力也很强，但是却过于注重名利。

通过握手方式探知对方心情

英国首相丘吉尔在《第二次世界大战回忆录》中记载了这样一件事：

德国入侵苏联后不久，苏联外长莫洛托夫秘密访问伦敦，与丘吉尔商谈反法西斯战争计划。丘吉尔一向对莫洛托夫没有好感，说他是个"灰色、冷酷的人"。在一次长谈后的深夜，丘吉尔送别莫洛托夫，在唐宁街10号握手告别后，莫洛托夫突然靠近他，紧紧握住他的手，双目久久注视着他，一言不发。这一举动使丘吉尔这位老政治家大为感动，他感受到了莫洛托夫用握手来暗示他：世界反法西斯战争的胜败取决于苏、英两国是否合作。随后，二战的局势也由此发生了变化。

握手虽然是一种很简单的礼节，但在不同场合，它能给人留下不同的印象。政治家们可以通过握手这个简单的动作，把心中所想表现的含义显露出来。莫洛托夫正是用一次深情的握手，促成了两国的合作。

美国心理学家伊莲·嘉兰，在一本书中指出：一个人在与别人握手时，所采用的方式能够反映出这个人的个性。具体来说，就是可以通过握手的方式了解对方心理的微妙变化。

最具代表性的一种现象,就是通过手的温度状况来判断。原来在人类的身体中,当发生恐怖或受到惊吓的情绪变化时,跟自己无关的自律神经意识会突然活动起来,并引起呼吸的紧张、血压与脉搏的变化,或是汗腺的兴奋等状况。倘若跟对方握手,而发现对方的手掌出汗时,这就表示对方的情绪高涨,也可以说是失去心理平衡的象征。

此外,有些专家经过研究发现,握手的力度也能传情达意。

握手时软弱无力,好像只是为了应付一件不得不做的事情,表现出完全被动姿态的人,他们在大多数时候并不十分坚强,甚至是很软弱的。他们做事缺乏果断、利落的干劲和魄力,总是犹豫不决。他们希望自己能够引起他人的注意,可实际上,其他人往往在很短的时间内就会将他们忘记。

握手时如果力量很大,甚至让对方有些疼痛的感觉,这种人多是逞强而又自负的。但这种握手的方式在一定程度上又说明了握手者的性格是坦率而又坚强的。

握手时力度适可,双目注视对方的人个性坚毅,有责任感而且可靠、思想缜密、善于推理,经常能为别人提供建设性的意见。每当困难出现时,总是能迅速地提出可行的应对方法,能够轻易获得他人的信赖。

握手时只是轻轻的一接触,握得不紧也没有力量,这种人多内向,他们时常悲观、情绪低落。

同他人握手时在不知不觉中加大力气,这表明他对与对方的相识感到很兴奋,希望能继续同对方交往。所以,从握手的力度上，也能表现出他交往的诚意和信任的程度。

过分殷勤地同对方握手，则表示个人目的性可能很强。如果用卑谦的神情一再同对方握手，表明这个人怀有某种目的，因为握手不过是一种礼节性接触，过分看重这种接触，可能是有弦外之音了。

用双手和别人握手的人，大多是相当热情的，有时甚至热情过度，让人觉得无法接受。他们大多不习惯于受到某种约束和限制，而喜欢自由自在，按照自己的意愿生活。他们有反传统的叛逆性格，不太注重礼仪、社交等各方面的规矩。他们在很多时候是不太拘泥于小节的。

性格不同的人，握手时的姿势及动作也不尽相同。性格较保守的人握手时，手臂伸长，肘的弯度呈直角，这充分显示出谨慎与保守的个性。性格粗犷的人握手时，动作比较粗犷，而且握手后还不停地摇晃手臂。性格较优柔寡断的人，无法决定自己要不要跟人家握手，当对方断定他不会握手，而把手缩进口袋里时，他又突然把手伸出来，等对方伸手过去，这是一种对任何事都踌躇不定，缺乏判断力的人。

从酒后行为看透对方性格

马文为了工作经常出去应酬，但他也很害怕出去应酬，因为他喝醉以后喜欢滔滔不绝地诉说自己心中的苦闷。

一次，在与一位重要客户喝酒后，他喝醉了，便开始跟客户谈起他有多么不容易，还谈起他最讨厌的人，最讨厌与什么样的客户一起吃饭。由于这位客户的性格正属于他讨厌的那种类型，因此失去了一笔大订单。

为了应酬，喝酒是不可避免的。有些人一喝酒即判若两人，有些人则依然如故。俗话说"酒后吐真言"，一个人醉酒后的行为往往能够反映一个人的性格。

酒后喜欢滔滔不绝诉说的人，通常是因为平时的人际关系过于紧张，于是借酒来放松自己，展现自己生动活泼的一面。也可能他们平时比较稳重，做事严肃认真，通常对长辈采取恭敬的态度，对女性也比较尊重。

酒后喜欢睡觉的人，通常是性格内向、意志薄弱者，他们性格柔顺，比较传统，中规中矩。在人际交往上，他们总是避免与人冲突，原则性不强。常以老好人姿态出现，对旁人的意见经常表示附和。与异性交往时，如果被父母反对会失去勇气，过于老实而缺乏魄力。

酒后习惯沉默寡言的人，平常活泼好动或具有攻击性，树敌也多，这类人是果断实践自己观念的人，当内心有所牵挂时酒后通常会变得消沉。如果每次喝酒都是这样则可能是缺乏自信，总觉得心里不踏实，多半盼望改变自己目前的生活状态。他们比较内向，不愿意让周围的人看懂自己，所以平时会特意地表现得很坚强、很能干，喝醉的时候往往暴露了心理最原始

一本书掌握社交心理

的状态。

酒后如故的人，对自己的缺点有高度的警戒心。他们很难与环境相融，不喜欢与不熟悉的人交往，而往往把自己的真情实感掩藏起来，但是为人讲诚信，做事有条理，信守承诺。

酒后变得暴躁的人，生性顽固，酒醒后会对醉中的失态表示抱歉。这种人在日常生活中多表现得谨小慎微、唯唯诺诺，对长辈言听计从，做事兢兢业业，他们多处于社会最底层，也许，是过分压抑造成酒后的反常举动。

醉酒后常常流泪的人，通常是浪漫主义者。他们感情细腻，但比较柔弱，谨慎沉稳。在日常工作中，虽然努力工作表现诚意，却经常怀有不满，性格更加情绪化。

如何从谈判中洞悉对方心理

小黄是一家公司的业务员，多年的经验让他的业务能力提高不少。

这天，他约了一位客户在一家餐厅见面，双方如约而至。刚坐下，小黄便开始给客户介绍他们的产品。没想到的是，来谈判的这位并不是他的客户，而是客户的一个助手，看起来是初出茅庐，腿部不停地晃动，显然是有些紧张。

小黄看出了他的紧张情绪，他停止了业务交谈，叫来了服务员，为两人各点了一杯饮料。在喝饮料的过程中，小黄与他谈了一些生活中的话题，从而缓解了他的紧张情绪。后来，当他们再次进入业务交谈时，那位客户的助理显得轻松多了，他们的谈判也进行得很顺利。

谈判不仅是有声语言的沟通，它还可以通过眼神、手势及姿势等传达出更丰富、更有价值的信息。在谈判过程中，如果你更多地注意非语言类沟通——身体语言所传达的有用信息，这可能会有助于你获得谈判的成功。在谈判过程中，你应该多留意下列情况：

1. 紧张的人

一般第一次参加谈判的人大都有这种表现，他们在心理上排斥面对面的谈判方式。他们很明显的特征是神经紧张、焦躁不安，甚至身子僵直。他们的谈判措辞也过于僵硬、不自然。此时你能做的是放松对手的心情，让他有宾至如归的感觉，慌张不安只会给谈判造成障碍。你应尽量把谈判场地布置得舒适一些，同时让气氛也变得轻松一些，你可以身体力行地松解领带，卷起袖子，暗示对方一切都很轻松舒适。如果你让这种紧张的气氛持续下去，一不小心，自己有可能受他们感染，也紧张起来，这样会令谈判双方都心存芥蒂，不利于谈判的顺利进行。记住，没人想紧张、焦躁，每个人都想拥有舒适愉快的感觉。因此，如果你能消除对方的紧张情绪，他会对你心怀感激，这有助于谈判的成功。

2. 擦眼镜者

你的谈判对手摘下他的眼镜，开始擦拭时，这是谈判该适当中断的提示。因为擦拭眼镜是擦拭者正在仔细考虑某一争论焦点的暗示。所以，当对方擦拭开始时，不要再给他施加压力，让你的对手有足够的时间考虑，等他把眼镜戴好后，再继续谈判。

3. 频繁用手摸头的人

如果你的谈判对手总是在用手摸头，这就表明他正在思考某些问题。因为大多数人在绞尽脑汁、欲理出头绪时常常用手去摸头。不过，由于各种情况不同，有时是敲敲头，有时则搔搔头，也有时抓抓头发，或者以手掌揉太阳穴等。此时如果对方的手动作突然加快起来，说明他加快了思考的速度，手的速度与思考速度成正比。当新观点浮现的时候，抓头的频率往往也会随之加快。

4. 紧张的信号

直觉不是什么神秘的事物，它仅意味着一个人有着极大的耐心去观察细节上的差异。关心你的对手，注意他的行为举止，如果事情进展不顺的话要有所警觉。任何迟疑、迟钝都可说是谈判失败的直接原因。如果真是谈判所谈问题造成的，对此障碍须采取必要的对策，试着从其他方式、角度来阐述你的论点。如果你的个性很强，那么可能你的对手因此而感觉不舒适，对你们正在讨论的所有问题变得极端敏感。还要注意咳嗽、弹指、转笔及其他不耐烦和紧张的信号。只有克服这些消极举动，谈判才能顺利进行。

由此可见，在进行任何谈判时，轻松地商议才是最理想的，但多数情况下，谈判的气氛是比较紧张的。你必须时时刻刻观察你的对手，并不断地思考，如何才能影响到对方接受你的观点。不论你的对手是否用言语或揉弄头发向你传达信息，你必须对此信息做出适当的反应，以保证谈判朝着有利于你的方向进行。

第三章
博得欣赏，给人好印象的心理奥秘

在人际交往中，给别人留下好印象是非常重要的，那么，我们如何才能给对方留下好印象，博得他人的喜爱呢？首先要做到的是塑造良好的第一形象，其次是恰当的着装、和善的表情、好的性格等方面也千万不可忽视。

良好的第一印象很重要

　　有这样一个故事：一个新闻系的毕业生正急于找工作。一天，他到某报社对主编说："你们要编辑吗？""不需要！""那么记者呢？""不需要！""那么排字工人、校对呢？""不，我们什么空缺也没有了。""那么，你们一定需要这个东西。"说着他从公文包中拿出一块精致的小牌子，上面写着"额满，暂不雇用"。主编看了看牌子，微笑着点了点头，说："如果你愿意，可以到我们广告部工作。"这个大学生通过自己制作的牌子表达了自己的机智和乐观，给主编留下了良好的第一印象，并引起他的极大兴趣，从而为自己赢得了一份工作。这种第一印象的微妙作用，在心理学上称为"首因效应"。

　　一位心理学家曾做过这样一个实验：他让两个学生都做对30道题中的一半，但是让学生 A 做对的题目尽量出现在前15道题，而让学生 B 做对的题目尽量出现在后15道题中，然后让其他同学对两个学生进行评价：两相比较，谁更聪明一些？结果发现，多数同学都认为学生 A 更聪明。

　　人与人第一次交往中给对方留下的印象，在对方的头脑中

一本书掌握社交心理

形成并占据着主导地位，这种效应就是心理学中的"首因效应"，也称之为"第一印象效应"。给别人留下好印象，就是一把打开人际关系大门的钥匙，因此，与人初次交往时，一定要尽可能塑造良好的形象。

其实你很容易就可以给人留下一个好印象，只需要稍微注意一下而已。中国有这样一个传统，在新年快要来临的时候，要将屋子进行一次彻底的大扫除，而这个时候，作为社交活动中的你也应该"打扫"一下自己，检查一下自己有没有什么不卫生、不整洁的地方，所谓"细节不容忽视"，有时候你给你的交际对象留下不良印象的祸根就来自于一个小小的细节，而这个小细节说不定就关乎你的人生大事。在远古时代，人类的祖先就拥有了这样一种能力：迅速判断自己面对的是朋友还是敌人，而自己能否生存下来取决于对所面对的那些生物的准确判断能力。

由此可见，良好的第一印象是打开成功社交的一把钥匙，有了这个良好的开端，才可能有进一步的交流和交往。

形象影响你的社交吸引力

有两个长相都很甜美的女孩，一个叫王云，另一个叫李文，她们两人在同一单位上班，因为两人性格开朗大方，所以同事们都很喜欢她们。在工作业绩上，两人可以说是旗鼓相当，人际关系也都很和谐。唯一不同的是，王云平时很注意形象，穿衣打扮都按照正规的职场要求着装，当然偶尔也会混搭一下，不过只要出现在众人的视线中，必然是漂亮、大方得体的。而李文则不同，她一般都是随意穿着，除非有重要的会议和特殊的要求，她才会打扮一下，有时还会显得不利落。虽然两个人都很漂亮，但是在大家的眼中，还是王云更胜一筹。

有一次，公司评选企业形象代表，王云当选。李文对此不高兴，也很不服气，觉得自己的长相比王云还要漂亮几分，为什么形象代表不是自己，而是王云呢？她气愤地跑去与经理理论，经理回答说："虽然你长得漂亮，可是平时太不注意自己的形象了，不像王云，时时都把美丽的一面呈现在众人面前，她给人的感觉更加有气质。作为企业的形象代表，不是只代表一天或者一个月，所以你们两个比较起来，还是王云更适合这个角色，你认为呢？"李文低下头，无言以对。

真的很可惜，本来李文是有可能被选为企业形象代表的，她之所以没有成功，是因为她平时忽略了个人形象，从而使她在别人心中没有留下太深的印象。

在日常的交际活动中，一个好的印象会让交际活动更加顺利。尤其是给人的第一印象在社交中更是十分重要的。如果让一位端庄秀丽、漂亮大方的妇女和一位蓬头散发、衣着邋遢的女孩站在路旁打车，妇女打车的成功率应该会更高一些，因为妇女给司机师傅留下了美好的第一印象。

人们对待不同仪表的人的态度是不一样的，大多数人认为不同的仪表就代表了不同的人，针对不同的人，人们随之就会给予不同的待遇。这并不仅仅是以貌取人的问题。人们都了解在现代交际中第一印象的重要性，而经过研究发现，50%以上的第一印象是由个人的外表造成的。你的外表是否干净整齐，这是让你身边的人判断你是怎样的一个人的重要条件，也是别的交际个体决定如何对待你的首要条件。

形象是决定社交成功的关键因素，要想拥有好的形象，给别人留下好的印象其实并不难，有时候只需要几分钟或者几秒钟的时间而已。某位媒体策划专家有这样一句名言："要给人留下一个好印象，你只需要七秒钟。"

因此，在人际交往中，要想给人一个良好的第一印象，一定要注意自己的衣着打扮、言谈举止以及个人形象。好印象不仅是打开人际关系大门的钥匙，更是让你拥有良好人际关系的基石。

好性格给人留下好印象

江昊是个公认的帅哥，却看上了长相平平的我。朋友们总是对我说"真不知道江昊是怎么看上你的",还说我捡了个"大便宜"。其实我心里也有疑问,一直没有弄清楚江昊究竟看上我哪一点了。

这个问题困扰了我许久,有一次我终于忍不住问江昊,但是江昊笑我"傻丫头",没有告诉我,或许告诉了,只是我不相信。江昊要带我回家见他父母,我再一次严肃地问他:"你为什么喜欢我,我长得不漂亮,人也不温柔,你怎么就看上我了呢?"这回江昊说话了,他一本正经地说:"我喜欢你的性格,你总是很喜欢笑,让我觉得生活是那么美好。你有点'傻',但是有时候又看得很明白。你对身边的人总是很认真,我很欣赏你这点。最重要的是你很可靠,不会因为长得漂亮被别人拐跑!"一开始我听得很感动,听到最后一句后我气得把抱枕扔到他身上,他却笑着对我说:"你不知道,你最吸引我的地方就是你的性格,这是最重要的!"

的确,性格特点是影响个人吸引力的重要因素之一。在人际交往中,性格好的人更容易获得别人的好感。假如一个人拥有英俊的外表、超强的能力,但是他的性格却孤僻、冷漠,那么这个人肯定不会受人欢迎。

在人际交往中,人的性格的好坏直接影响到其自身的受欢迎程度。曾经有大量研究发现,人们认为理想的交友对象应具有的特征是:自信、正直、热情、温柔及友爱。这说明人们更喜欢与自信、正直、有爱心的人打交道。

在人际交往中,外表的美丑固然给人不同的第一印象,但

一本书掌握社交心理

在接触之后影响人际关系最大的因素还是人的性格。因此，长得漂亮的人也不能忽视自己的性格问题，长相一般的人，可以培养好的性格来增加个人吸引力，从而达到促进人际关系的效果。

细节是给人好印象的工具

一家大型公司要选经理，公司里有两个很优秀的员工——古风和赵毅，他们是董事长心中的比较合适的人选。如果拿他们两个人相比的话，不管是办事能力还是工作态度，两人不相上下，但是经理的位置只有一个，董事长想了想，决定继续观察他们一段时间。

一天，董事长带着两个人出去吃饭，他们以为董事长要透露些消息，但是董事长却什么也没谈，只是在吃饭的时候夸奖了古风，古风觉得特别高兴。下班后，古风去停车场，在倒车的时候不小心碰到了另一辆车，然后破口大骂："这谁的车啊，怎么不长眼停在这儿呢？"没想到这一幕被董事长看到了。第二天会上，董事长宣布赵毅当选为经理，古风很茫然地问道："怎么可能？"董事长笑了笑说："我原本打算选你，但是你太不注重小节了，这严重影响你的个人形象。"

故事中的古风本来会得到提升，但只因为他不注重细节，从而影响了他的个人形象，失去了升职的机会。其实，在社会交往中，有些事虽然小，但却可以暴露出一个人的性格特征，从而影响这个人在朋友、领导、同事心中的印象。领导想要提拔一个人的时候往往是通过一段时间的细致观察，而观察又是通过各种各样的小事来考察这个人的工作作风和办事能力的，这些小事往往是个人能力、素质、道德修养的综合表现。

　　俗话说"一屋不扫，何以扫天下"，小事和细节上面最能体现一个人的真实情况和综合素质。在职场中，两个能力相当的人，领导肯定会选择素质高的那个委以重任。很多时候，细节才是决定一个人能否升职、能否成大事的标准。

　　与人交往中，往往是不经意的一个动作、一个表情、一件小事最能打动人，也最能给人留下好印象。

　　"不积跬步，无以至千里；不积小流，无以成江海。"要想树立良好的个人形象就要加强自身的修养，这就要求善于从小事中做起，时常反省自己。有时正是我们忽略了的细节才使得自己的缺点暴露出来，影响了个人形象。在职场中，树立良好的个人形象就是要把细节做好、做得漂亮，把做好小事当作是你迈进成功的第一步。

礼貌用语给人留下好印象

　　牛皋与岳飞在不同的时间向同一位老人问路。牛皋骑着马冲着老人大声叫嚷道："喂！老头儿，爷问你，到小校场怎么走啊？"老人抬眼皮看了牛皋一眼，并不理他，然后继续低头做自己的事情。牛皋碰了一鼻子灰，很没面子，只好自己寻找。

　　过了一会儿岳飞寻牛皋到此地，也看到了这位老人，他和牛皋的态度截然不同，只见他跳下马来，走到老人面前拱了拱手，很有礼貌地问道："请问老人家，方才可曾看见一黑大汉，骑一匹黑马从这里经过？望乞指示。"老人听了，非常愉快地给岳飞指明了方向。

　　牛皋和岳飞同是问一个人，但得到的结果却截然不同，这是为什么呢？显然，是因为两个人的语言和态度完全不同：牛皋粗野唐突、傲慢无礼，对老人连个称呼都没有，开口就是"喂"、"老头"，对老人自称"爷"，并且冲人家大声叫嚷，没有一点儿问话的礼节，老人听了自然心里不高兴，也不愿意回答他的任何提问。可岳飞就不一样了，他的言谈举止彬彬有礼：下马、上前、拱手，用谦辞"请问"，敬称对方"老人家"，最后再用谦辞"望乞指示",很好地注意了晚辈对长辈应有的礼节,让老人听了心里非常舒服,自然就乐意为他指路了。由此可见,礼貌用语在社会交际中是决定成败的重要因素之一,任何人都不应该忽视这一点。

在社交中,我们应该掌握基本的礼貌用语有很多,比如,与人见面要说"您好",问人姓名要说"贵姓",求人办事要说"拜托",麻烦别人说"打扰",求人方便说"借光",得到别人帮助说"谢谢",向人祝贺说"恭喜",请人谅解说"包涵",宾客来到说"欢迎",客人进屋说"请坐",中途先走说"失陪",请人勿送说"留步"……

此外,恰当的称谓,也是给人留下好印象的关键性因素。如:对亲人之间的平辈,可相互用亲属称谓相称,如"哥哥"、"妹妹"、"二哥"、"三妹"等;年长的平辈可直接称呼年少者的名字。

朋友、同学、同事之间,因为相处长了,称呼可以随便一些,可在姓氏前加"老"、"小"、"大"等,如"老彭"、"小陈"等。在人的职称、身份等称谓前,加上"老"等词,是更为尊敬的称谓,如"老厂长"等。对德高望重的老年人,可以在姓后加"老"字,如"艾老"等。

对陌生人的称谓,一般来说可用以下几种方法:一是用通称。可根据人的具体年龄、性别、职业等情况称"同志"、"朋友"、"师傅"、"先生"、"女士"等。对男人一般可以称"先生",未婚女子称"小姐",已婚女子称"夫人"或"太太"等,也可把成年女子统称为"女士"。二是可以用亲属称谓相称。可根据对方的性别、年龄等情况，以父辈、祖辈、平辈的亲属称谓相称，如"大伯"、"阿姨"、"老大爷"、"大娘"、"大嫂"、"大姐"等。称呼对方"大嫂"，还是"大姐"时，必须谨慎从事，因为对方婚否不好确定，在没有把握的情况下，称"大姐"比较稳妥。

善于倾听是赢得好感的关键

重型卡车推销员乔治先生，经一位朋友的介绍，去拜访一位曾经买过他们公司很多辆汽车的商人。见面时，乔治照例先递上了自己的名片："您好，我是重型汽车公司的推销代表，我叫……"

可是不等乔治说完，该顾客就以一种十分严厉的口气打断了乔治的话，并开始一再抱怨当初买车时发生的种种不快，例如服务态度不敢恭维、内装及配备也不好、交接车的过程中等待时间过长，等等。

这位顾客一直在喋喋不休地数落着乔治和他的公司，以及当初推荐卡车的那名推销员。乔治只好默默地站在一旁，认真地听着对方的不满，一句话也没有说。

顾客的数落终有停的时候，果然，那位顾客把以前积压的所有怨气一股脑地吐光后，他不说话了。当他稍微缓了口气时，才发现眼前的这个推销员竟然从没见过，很陌生。于是，他便有点不好意思地对乔治说："小伙子，怎么称呼你？现在有没有一些好一点的新车型，拿一份目录给我看看，帮我介绍介绍吧。"

当乔治离开时，兴奋得几乎想要跳起来，因为他的手上拿着的是两台重型卡车的订单。

乔治能接到这么大的订单，这是为什么呢？听听他的顾客是怎么说的，"我觉得你这个小伙子很实在、有诚意又很尊重我，所以我才愿意向你买车的"。在整个谈话的过程中，乔治说的话加起来也没超过 10 句，这说明乔治是一个善于倾听的人。正是因为这样顾客才觉得他很有诚意，因此，接受了他的推荐。

这个故事说明一个道理，那就是善于倾听在社交中是很重要的。无论是在推销产品，还是在日常交际中，善于倾听是赢得别人好感的关键。在与他人交谈时，如果一个人总是不停地讲话，那是非常不礼貌的。交谈就是指自己讲话的同时也要听对方讲话。倾听他人的讲话表示的是对他人的一种关心和尊重，因此，一个善于倾听他人意见的人，其人际关系往往就会更加理想。

俗话说"只有很好地倾听别人的，才能更好地说出自己的"。如果说沟通的艺术是听与说的艺术，那首先要掌握的是倾听的艺术。成功人士，大多善于倾听他人的诉说，以此促进相互间的沟通，获取信息、吸收营养。

倾听对于说话者来说是一种尊重，尊重别人也就是尊重自己，所以，善于倾听的人也能够得到他人的尊重和喜爱，赢得他人的好感。

倾听，是人们建立和保持关系的一项最基本的沟通技巧。在人际交往中，倾听的作用尤为突出。接待员要弄清楚客人的来访目的，销售员要了解客户的心理需求，下属要理解领导的真正意图……这些，都离不开倾听。

英国管理学家威尔德说："人际沟通始于聆听，终于回答。"没有认真的倾听，就没有有效的沟通。美国成功学大师戴尔·卡耐基认为：在沟通的各项能力中，最重要的莫过于倾听的能力。滔滔不绝的雄辩力、察言观色的洞察力以及擅长写作的才能都比不上倾听的能力重要。

倾听是一种礼貌，是尊重说话者的一种表现，也是对说话者的最好的恭维。因此，倾听能让你了解沟通对象想要什么，什么能够让他们感到满足，什么会伤害或激怒他们。有时，即使你不能及时提供对方所需要的，只要你乐于倾听，不伤害或激怒他们，也能实现无障碍地沟通、创造性地解决问题。

顺应他人情绪的社交技巧

有这样一个著名的实验：美国加州大学圣克鲁兹分校的管

理者希望学生们节约用水。管理者认为贴一张告示就能约束学生的行为。告示要求洗浴者按照以下步骤节约用水：淋湿，关水，打肥皂，冲洗干净。

在五天的时间里，只有6%的人按照建议程序洗澡。当告示被更显眼地固定在浴室门口的三脚架上时，依从者增加到19%。但是有的洗浴者会很厌烦地把它扯下来扔在地上，然后冲洗更长时间。

心理学家阿隆逊建议将所有的告示撤除，由一名学生来示范适当的洗浴行为。当浴室空无一人时，示范者打开水龙头，背朝浴室入口等候别人进来。一旦他听到有人进来，就按照程序关水，打肥皂，冲洗干净，然后离开。在这种情况下，有49%的人发生了依从行为。当采用两名学生时，示范效应影响了67%的人。

人际关系的一个基本定理就是情绪的相互感染，这是影响力的一个重要体现。比如，口渴的人们在沙漠中找到水源，只要第一个喝了没危险，其他的人就敢放心去饮用，这就是影响他人心理的表现。

有时我们也会发现，我们会受一些影响去做一些自己不愿意做的事情，如受人影响而买了自己并不是特别喜欢或满意的产品。因此，我们有必要采取一些策略去抵制这种不良影响：尝试避免愚昧地去追求同某些人保持一致，行动之前应该花时间做理性的思考和推理。

在每次与人交往的过程中，我们都在不断地传递着情感信

一本书掌握社交心理

息，影响着周围的人，同时也在不断接受他人的情感信息。在多数情况下，这种交流与感染比较间接与隐秘，不为大多数人所察觉，但这种感染作用确实存在。

人们都喜欢与热情大方开朗的人接近，从他们身上可以感受到勃勃向上的生命力，难道他们从不曾忧郁、悲伤与痛苦吗？当然不是，他们所掌握的不过是懂得如何将情绪在合适的时间和合适的地点投射到他人身上。

人们在交往中，彼此传输和捕捉相互的情绪信息，并汇聚成心灵世界的潜流，通过这股潜流的涌动来感染、影响对方的情绪。对这种情绪控制的能力越高，社交中的影响力就会越大。

善于顺应他人情绪或使他人情绪顺应你的步调，必然能够提升影响力，建立良好的人际关系。

积极主动的人拥有更多人脉

在一家电视台里有个全台上下无人不知、无人不晓的人物，她就是广告部主管陈丽。她有这么高的名气主要来自于她的两个"最"：首先，她是台里相貌最丑的女人。要知道在电视台工作的人，因为业务需要，可以说相貌是比较重要的，然而，她却能够在这里开辟一片属于自己的天地，实属不易。其次，她还是广告界最知名的社交人物，这使得许多颇具姿色的同行望尘莫及。也许，有人会问她到底有什么"绝招"。据说，刚开始的时候她总是主动要求去外面拉广告，有一些好事之徒就会取笑她："不看看自己长得什么样，能行吗?"可是，实践证明，她真的可以。

那么，陈丽的制胜秘诀是什么呢? 那就是每次她都会微笑地与对方交谈："您不要看我长得丑，我知道正因为如此，我才不会像某些人那样去耍什么花招，只能以我的真心诚意和踏实工作来赢得与您的合作机会……"她侃侃而谈，不时闪烁出幽默、自信和睿智的火花，有力地感染并征服了对方。

故事中的陈丽虽然没有漂亮的外貌，却凭借着自己的能力主动与外界交往，最终成为电视台里的"名人"。一个看似平凡的女人，在众多的漂亮面孔映衬下，不仅没有因此失去人生的方向，反而能够以积极主动的心态坦然面对人生，为自己开辟出一条前途光明的人生道路。从而，在同事与朋友中留下了好的印象。由此可见，拥有积极主动的心态是一个人成就事业的最重要因素。

在人际交往中，单枪匹马、形单影只是行不通的，拥有良好的人脉才是硬道理。然而，良好的人脉并不是主动找上门来的，它需要人们去努力、去争取。积极主动是一个人获得良好人脉的关键因素，因此，无论身在何处要想成为别人羡慕的对象，就要具备积极主动的办事能力。

一本书掌握社交心理

成功的社交需要人们积极面对，唯有如此，才能让你获得更多认同，得到更多支持。做一个积极主动的人，就可以为自己争取到更多的人脉，帮助你成功完成社交活动。

柔和的谈吐令人信服

1940 年，处于前线的英国已经没有资金从美国"现购自运"军用物资，而一些美国人也没有看到唇亡齿寒的严重事态，想放弃援助。美国总统罗斯福在记者招待会上宣传《租借法》以说服民众，为国会通过此法案成功地营造了舆论氛围。

在招待会上，罗斯福并未高声指责那些人目光短浅，他知道这样只能触犯众怒而适得其反。他妙语连珠，以理服人，使人们不得不心悦诚服。

他说："假如我的邻居失火了，消火栓在四五百英尺（1 英尺 = 0.3048 米）以外。我有一段浇花园的水龙带，要是给邻居拿去接上水龙头，就可能帮他把火灭掉，以免火势蔓延到我家里。这时候我怎么办呢？我总不能在救火之前对他说：'伙计，这条管子花了我 15 美元，你要照价付钱。'这时候邻居刚好没钱，那么我该怎么办呢？我应当不要他的钱，让他在灭火之后还我水龙带。要是火灭了，水龙带还好好的，那他就会连声道谢，原物奉还。假如他把水龙带弄坏了，答应照价赔偿的话，我拿回来的就是一条新的浇花园的水龙带，这样也不吃亏。"

罗斯福总统援助英国的决心很坚决，但他没有直接表达这种强硬的态度，而是用通俗的比喻表达自己的真实想法，达到了非常好的说服效果。

人人都有喜欢听好话的心理，听了悦耳动听的言辞会产生愉快的情绪，而对那些指责与大声呵斥，会产生一种排斥的心理。罗斯福总统就深明这一点，为了不引起众怒，他以柔和的声调、形象的比喻与民众亲切地交谈，这种方式无疑会打动了民众的心，使他的宣传圆满成功。

心理学研究表明，说话时的语调能反映出一个人的内心世界，当他生气、惊愕、怀疑、激动时，表现出的语调一定是不自然的或令人不快的。从一个人的语调中，我们就可以感到他是一个令人信服、幽默、可亲可近的人，还是一个呆板保守、具有挑衅性、好阿谀奉承或者阴险狡猾的人。

柔和的谈吐是值得提倡的一种社交方式。谈吐柔和表现为语言含蓄、措辞委婉、语气亲切、语调柔和，它是一种很有感染力的说服方式。这样说话，对方会感到亲切和愉悦，所谈之言也易于让人接受，具有较强的说服力，往往能收到以柔克刚的交际效果。

待人热情惹人喜爱

于辉是一名普通的小区保洁员，他每天不辞辛苦地工作，也从没说过累，更重要的是，他这个人很热情，在小区里是出了名的"热心人"，不管谁有困难，只要他看到了，就会毫不犹豫地上前帮忙。

一次，周大妈从菜市场回来，拎着好多新鲜的蔬菜水果，于辉看到了忙笑着上前帮忙，说："您年纪大了提不动，我来帮您吧！"。周大妈十分感谢他，从此之后每次见到小于都要亲切地和他打招呼。

小军是个智障儿童，一次自己出来找不到家了，于辉热心地帮助他，让他安全回到了自己家。小军的父母十分感激于辉，直夸他是个"活雷锋"。

于辉的热情在整个小区是出了名的，人们见了他都会亲切地与他打招呼，他也会微笑着回应，他的热心给人们留下了良好的印象。

于辉的好人缘与他的待人热情有直接的关系，大家都愿意交他这样的朋友。

待人热情是成功社交的关键，很多人之所以看起来冷冰冰的、不热情，关键是他们对他人不感兴趣，对人对事提不起劲头来，而如果没有兴趣和热情，就会对很多东西自动排斥，很多信息就自动屏蔽。同样是听人家讲话，有的人听得很专注，记忆深刻，有的人似听非听，过后一点印象都没有。同样到一个地方，有的人留意到了很多细节，有的人头脑里一片空白，未曾留下任何印象。从表面上看是洞察力、注意力不好，而从深层次上看是缺乏热情的表现。

以人为本，关键就是要待人热情，这不仅仅是礼貌问题，实际上也是种人生态度问题。热情是一种积极、乐观、向上的人生态度，它会令你在社交中广受欢迎。

用"近因效应"留给对方好印象

某公司的一位年轻业务主管负责某类产品的配件加工业务。一次，他代表公司前往某大公司洽谈一笔大的外包业务。对公司而言，该业务很重要。因为大企业的外包业务量大且稳定，也就是说，如果能拿下这笔业务，公司可以获得一大笔稳定的现金流。

为此，这位主管投入了大量的时间与精力用于前期准备。

也许是准备工作做得很周到，双方刚刚接触，对方就表示了明显的好感。有了好的开头，洽谈工作进展就更顺利了，最后一天，还留有一些细节问题需要进一步协商。结果，仅用了半天时间，便协商好了。

对方要求再给几天时间，以向上级汇报，再做最后决定。

这位主管满口答应了，他想，大企业就是不一样，管理就是严格。

可是，两三天过去了，对方没有动静，一周过去了，对方还是没有动静。主管实在忍不住了，打电话询问对方的一名代表，对方代表告诉他，事情可能有变故。他请求对方解释一下原因，对方拒绝了。可他不甘心，当他第三次打电话过去时，对方终于告诉他，问题出在最后那天他穿的那件西装上。

原来，他那天穿的西服的袖口少了一颗纽扣。要知道，对方外包的可不是别的产品，而是精密仪器的零配件。

也许，最后一天洽谈，他太过兴奋而忘了仔细检查自己的衣着；也许是潜意识里，他认为大局已定，不需要再小心翼翼了。

总之，最后一天，一个小小的疏忽让他失去了一大笔订单。

这位业务主管的失败，只因为他在最后一天与客户见面时没有给对方留下好印象，这种现象被称为"近因效应"。"近因效应"是指在交往中最后一次见面或最后一瞬给人留下的印象，这个印象在对方的脑海中也会存留很长时间，且能左右整体印象。

因此，要想给对方留下好印象，一定要把握最后的交际时刻。如果你在与人初会的过程中，犯下了某种错误或是表现平平的话，可以在分手之前做一个良好的表现，以改变对方对你形成的最初印象。只要你的表现得体，不管原先的表现如何，都可以获得补救，甚至给对方留下永生难忘的印象。比如，一位日本首相，他有一个习惯，如果接受了某团体的请愿，便不会送客；但如果没有接受，就会客客气气地把客人送到门口，而且一一握手道别。因此，那些请愿没有成功的人，不但没有埋怨他，反而会因受到他的礼遇而满怀感激地离去。这就是所谓的"近因效应"起了作用，因为他在最后给那些请愿的人留下了良好的印象。

在社会交往中，如果给对方的第一印象不够好，或者在双方的交往中曾遇到了不快，更应该巧妙地运用"近因效应"，在最后时刻，挽回局面，达成谅解，给对方留下好印象。

第四章
以心交心，拉近彼此距离的心理奥秘

在人际交往中，让别人喜欢自己，并与其以心交心，拉近距离，才能让你们之间产生一种亲切感，使彼此的感情越来越稳固。如果距离太远，会使交往个体产生压力，增大陌生感，不利于交流。当然，拉近距离并不意味着过于亲密，也要掌握好"距离法则"，只有保持恰当的距离才能够保持一种美好的感觉。

巧妙示弱增强亲切感

有一位记者去拜访一位政治家，目的是获得有关他的一些丑闻资料。然而，还来不及寒暄，这位政治家就十分客气地对记者说："时间还很多，我们可以慢慢谈。"记者对政治家这种从容不迫的态度大感意外。

不多时，秘书将咖啡端上桌来，这位政治家端起咖啡喝了一口，立即大嚷道："哦，好烫！"咖啡杯随之滚落在地。等秘书收拾好后，政治家又把香烟倒着插入嘴中，从过滤嘴处点火。这时记者赶忙提醒："先生，你将香烟拿倒了。"政治家听到这话之后，慌忙将香烟拿正，不料却将烟灰缸碰翻在地。

平时趾高气扬的政治家出了一连串洋相，使记者大感意外，不知不觉中，原来的那种挑战情绪消失了，记者甚至对政治家产生了一种同情，一场针锋相对的谈话也就这样不了了之了。

本来记者已做好充足准备去采访这位政治家，但怎么也没有想到，她最初的想法却被政治家的举动所干扰，最后一场深度采访就这样不了了之了。其实，事情的整个过程是政治家一手策划的。因为政治家知道，当人们发现杰出的权威人物也有许多弱点时，过去对他抱有的偏见和误会就会消失，而且由于受同情心的驱使，还会对他产生某种程度的亲切感。

由此可知，为人处世，要使别人对你放松警惕，形成一定的亲近感，只要我们很巧妙地、不露痕迹地在他人面前暴露某些无关痛痒的缺点，出点小洋相，表明自己并不是一个高高在上、十全十美的人，这样就会制造出一种随和的社交气氛，使他人在与我们交往时消除防御心理，变得轻松愉快。

在交际中，通过巧妙的示弱，可增加与对方的亲切感。示弱的方式有很多，可以是个别接触时推心置腹的交谈，幽默的自嘲，也可以是在大庭广众之下有意暴露自己的短处。

在人际交往中，自我示弱可以使得对方放松紧张的情绪，从而创造一种轻松愉快的交流氛围。受自尊心的驱使，人们总是对自己的缺点和短处讳莫如深、不甘示弱。然而，如果对示弱巧妙地加以运用，它会成为赢得社交成功的有力帮手。示弱也是化解矛盾、维护团结、和睦相处、共同进步的重要手段。

谈对方感兴趣的话题

著名的相声演员姜昆有一次到地方演出。早在他到之前的很多天就有许多媒体得到了消息，大家都很兴奋。因此，姜昆刚到达目的地，多位记者就赶来采访，一想到那些记者要提问的问题，姜昆顿感无聊。于是，那些闻讯赶来的记者们都被他婉言拒绝了。

奇怪的是，在如此众多的记者中，有一位姓李的记者最后得到了采访机会，只因为他敲开姜昆的门后说了几句话："姜昆老师，我是一个相声迷，我对您的节目有些意见……"听到这里，姜昆顿时来了精神，便热情地接待了他。接下来，两人就开始探讨起相声，谈话中两人聊得很投机。最重要的是，这位记者在谈话的过程中，将自己要采访的问题插了进去，自然也就轻松地得到自己想要的采访内容。这位记者正是借着姜昆的兴趣巧妙地打开了姜昆的话匣子，最终顺利地完成了采访任务。

在这个例子中，那么多的记者前来采访都没有成功，然而，有一名记者却意外地被姜昆接待。其成功的原因是那名记者谈到了姜昆感兴趣的话题，从而吸引了他的注意力，并在交谈中拉近了彼此间的距离，得到了想要提的问题的答案。由此可见，人际交往中，如果大家都能够从对方的兴趣入手，多谈一些对方感兴趣的话题，一定有助于建立起良好的人际关系。

无数的实践证明，社交活动中，共同的兴趣与爱好可以促进交往的双方相互接近，在心理上诱发出一种特定的吸引力，缩短双方的心理距离，还可以引起交谈双方情感上的共鸣，有利于人际关系的建立。

要想在社交活动中，与对方顺利地交流，就需要你广泛地拓展自己的兴趣爱好，只有拓展自己的知识面，积累更多知识，才能在社交中发挥自己的才能，掌握交际的主动权。

社交活动中，大家如果能够找准对方的兴趣所在，然后，顺势地交谈开来，就很容易与对方建立起良好的感情。所以，如果你也想要做到这一点，那就多增加你的兴趣爱好吧！

不要忘记换位思考

有两位推销员先后去了同一户人家推销洗衣机，但两个人得到的结果却截然不同。

第一位推销员到达这户人家时，看见这户人家的女主人正在用洗衣机洗衣服，就忙说："哎呀！这台洗衣机太旧了，用旧洗衣机洗是很费时间的，太太，该换新的啦……"

女主人不等他把话说完，就产生了反感，驳斥道："你在说什么啊！这台洗衣机很耐用的，到现在都没有故障，新的也不见得好到哪儿去，我才不换呢！"

后来，第二位推销员来到这户人家，他看到旧洗衣机就对女主人说："这是令人怀念的旧洗衣机，因为很耐用，所以对太太有很大的帮助。"

由于这位推销员先站在这家女主人的立场上说出她心里想说的话，使得女主人非常高兴，她忙说："是啊，这倒是真的。

只不过这台洗衣机确实已经用了很久，是旧了点，我正想换台新的洗衣机呢！"

于是，第二位推销员马上拿出洗衣机的宣传小册子，提供给她做参考。

第一位推销员之所以推销失败，是因为他没有站在对方的立场上思考问题，女主人听了他的话很不满意，所以才没能成功。而第二位推销员把话说到对方心坎儿里，因此动摇了女主人不换洗衣机的决心。

"想他人之所想，急他人之所急。"这样的人都是善于换位思考的人，最后也都是能够有所成就的人。因为将心比心，设身处地地为他人着想，是改善和拉近人与人之间关系的最佳方法。

在劝说一个人做某件事之前，首先应该考虑到对方是怎么想的，然后站在对方的立场上考虑问题，那么成功的概率肯定会大大提高。在日常交际中更应该如此，只有学会换位思考，才能赢得别人的心。因为换位思考付出的是理解，对方得到的是尊重，自然就会对你多一份信任、多一份好感。

尽量避免使用"我"字

　　某董事长因年老体衰，决定把董事长的位置让给儿子，并要求儿子在上任第一天在全体员工面前做一次演讲，以树立自己的威信。

　　临上任的前一天，儿子把自己写好的演讲稿交给了父亲，并带有几分得意地说："我的演讲稿几乎可以与美国历届总统竞选的演讲稿相媲美！"

　　老董事长看完演讲稿后，说："的确，儿子，你的演讲稿写得很精彩，但其前提是要在这里面的'我'字后面加一个'们'字，否则，你会失去公司所有的员工。"

　　"这是为什么？"儿子不解地问。

　　"你的演讲稿里全是'我的公司'、'我的股票'、'我的目标'等词语，里面根本没有提到'我们'二字，所以公司的员工不会跟着你踏实地做下去。"

　　"可是，他们现在不都在公司上班吗？"

　　"是啊，既然如此，为什么你的演讲稿里没有'我们'呢？你不是已经把他们全部'排除'了吗？"老董事长说。

第四章 以心交心，拉近彼此距离的心理奥秘的确，在社会交往中，"我"字讲得太多并被过分强调会给人标榜自我、炫耀自我的印象，这就等于自设防线，把自己和他人隔开，从而影响别人对你的看法。在很多情况下，你可以用"我们"一词来代替"我"字，这样就能制造彼此间的共识，就可以缩短你和大家的心理距离，促进彼此之间的感情交流。

一位心理学教授在给学生上课时，曾做过这样一个有趣的实验：他让同一个学生分别扮演某企业里一位民主型管理者和另一家企业的专制型管理者，然后调查学生们对这两种管理者的看法。

调查结果发现，采用民主方式的管理者，得到大多数人的认同；而专制型的管理者，则不受欢迎。究其原因，是民主型管理者开口说话时常用"我们……"而专制型管理者则开口闭口是"我……"

美国著名企业家亨利·福特二世在描述令人厌恶的行为时说："一个独占'我'字的人、开口闭口说'我'的人，是一个不受人欢迎的人。""我"意味着彼此间有"栅栏"，而"我们"则是认定彼此为"圈内人"。所以，与人交往时，一定要多说"我们"，少说"我"。

记住对方的名字很重要

在美国经济萧条时期，人们要找一份工作是很困难的。阿西亚好不容易进入了一家建材销售公司，成了公司推销员。但公司有一个硬性规定，即公司推销员在第一个月内必须完成1000美元的销售任务，否则，一个月后会被炒鱿鱼。

于是，阿西亚每日都奔波于大街小巷，向他熟悉的每一个人推销自己的商品。虽然那些商品物美价廉，有些人家也确实用得上，但人们还是习惯于勒紧裤腰带、捂着钱袋过日子。眼看一个月的试用期就要结束了，可阿西亚的销售额才只有300美元。

就在阿西亚快要绝望时，他突然想起有一位邻居对他提起过：在他们小区附近的一幢别墅里，住着一位富有的老头。但是，这个老头脾气很坏，为人吝啬。不过，听说他最近准备重新装修别墅。这位邻居建议阿西亚不妨前去碰碰运气，如果运气好的话，或许能推销出一两件商品。

阿西亚对老头的坏脾气早有耳闻，但为了自己的前途，他只好硬着头皮前往别墅去拜访这位富老头。

拥有这幢别墅的富老头全名叫尼古得·玛斯帕·帕都拉斯，

别人都只叫他"尼克"。阿西亚在拜访他之前，特别用心地念了几遍他的全名。

当阿西亚用全名称呼他"早安，尼古得·玛斯帕·帕都拉斯先生"时，这个富老头呆住了。过了几分钟，他都没有答话，最后，眼泪顺着他的脸颊滑落下来。老头说："先生，我在这个国家住了15年，从没有一个人用我真正的名字来称呼我。"

当这个富有的老头知道阿西亚前来的目的时，欣然买下了2000多美元的商品，要知道，这在当时可是一笔非常大的数目。

阿西亚的成功只因为他记住并当面叫出了他客户的全名，这对于一位15年来从没听过别人叫出自己完整姓名的人来说，无疑是一种莫大的欣喜与安慰。这种欣喜使他与阿西亚之间的距离接近了，也促成他乐意去购买阿西亚的商品。

记住别人的名字，并把它叫出来，是社会交际中一个非常重要的环节，我们一定不可忽视。一个人的名字，对他来说是所有语言中最重要、最美妙的声音。每个人都将自己的名字看得很重要。在社交场合，从记住并叫出对方的名字着手，常常能够产生奇效。相反，如果你把别人的名字忘了，或写错了，或叫错了，那将是对对方的极大不敬，这也会使自己陷于一种尴尬境地。

记住别人的名字，是构筑良好人际关系的一个重要方法。如果你总是用"喂"、"那个谁"等与人打招呼，也就不会有人记得你的名字和你这个人，而你的人际关系只会变得更加糟糕。

恰当的自我暴露

一位知名影星主演的新片受到了评论界的批评，他因此变得心情忧郁。

"我再也抬不起头来了，我怎么熬过这种可怕的日子呢？"他对心理专家诉苦道。

心理专家听了之后，只给他了一条建议："把你自己内心中这些想法主动暴露在大家面前。"这位电影明星照办了，他举行了三次记者招待会，忐忑地暴露了内心中的自我，说他为自己的发挥失误感到很惶恐。经过这几次招待会，他卸掉了思想上的包袱。由于他的感情的真实流露，给人们留下了深刻的印象，记者以同情加赞许的笔调报道了他，他重新成为影迷心中"令人喜爱的明星"。

故事中这位影星之所以能够重新成为影迷心中"令人喜爱的明星"，是因为他恰当地把自己内心的想法暴露在了大家的面前，从而使大家对他产生了同情心，并对他的坦白表示欣赏，这在无形中拉近了他与影迷之间的距离。

现实生活中，许多人受"面子"的驱使，或是为了使自己在别人面前的形象更加"完美"，不愿意透露自己真实的信息，唯恐自己的弱点暴露给别人会有损自己的形象。殊不知，恰如其分地暴露自己，不仅不会损坏你的形象，还能快速地缩短彼此间的心理距离，使你更容易被人喜欢和接受。

心理学家发现，随着信任程度和接纳程度的提高，交往的双方会越来越多地暴露自己。所以，自我暴露的广度和深度是人际关系的一个敏感的"探测器"。想了解我们对别人的接纳程度，通过了解对方的自我暴露水平就可以实现。也就是说，我们对别人接纳得越多，就要求对方对我们暴露得越多、越深。但有一点要特别注意：无论关系多深多密切，我们每个人都有自己不愿意暴露的信息。我们不能因为关系亲密，就要求对方完全敞开心扉，更不应该随意侵犯对方的隐私。否则，会让对方产生强烈的排斥心理，从而导致对我们的接纳度下降。

心理学家发现，良好的人际关系是在人们自我暴露逐渐增加的过程中发展起来的。当一个人开始自我暴露时，便是信任关系建立的标志。而对方以同样的自我暴露水平做出回应，就是接受信任的标志。这种自我暴露的往复交换，直到双方达到满意的水平为止。

因此，在人际交往的过程中，一定要恰如其分地暴露自己，这样才能更快地拉近彼此间的距离，更容易被对方接受。

学会在背后说人好话

作为工人代表，老王决定去找总经理抗议，原因是他们经常加班，但上面连个慰问都没有，年终奖金也很少。

出发之前，老王义愤填膺地对同事说："我要好好质问那个自以为是的总经理。"

到了总经理办公室，老王对总经理秘书说："我是老王。约好的。"

"是的。总经理在等您，不过不巧，有位同事临时有急件送进去，麻烦您稍等一下。"秘书客气地把老王带到会客室，请老王坐下，又微笑着问道："你是喝咖啡，还是喝茶？"

老王表示他什么都不想喝。

"总经理特别交代，如果您喝茶，一定要泡上好的龙井。"秘书说道。

"那就茶吧！"

不一会儿，秘书端进一杯茶，又送上一碟小点心："您慢用，总经理马上出来。"

"我是老王，"老王接过茶，抬头盯着秘书，"你没弄错吧？我是工友老王。"

"当然没弄错，您是公司的元老，老同事了，总经理常说你们最辛苦了，贡献也最大，一般同仁加班到九点，你们得忙到十点，他总是说自己心里实在过意不去。"

正说着，总经理已经大跨步地走过来跟老王握手："听说您有急事？"

"也……也……也，其实也没什么，几位工友同事叫我来看看您……"

不知为什么，老王憋的那一肚子不吐不快的怨气一下子烟消云散了。临走，还不断地对总经理说："您辛苦、您忙，打扰了！"

老王的态度为什么会发生一百八十度的大转弯？其实，答案很简单。总经理背着老王说老王的好话，大大出乎老王的意料。总经理的好话不仅表现了他的真诚与理解，也给了老王足够的面子。老王既感受到了被领导理解的欣慰，虚荣心也一下子得到了满足，自然不好意思再开口质问总经理了。

赞美一个人，可以拉近与对方之间的距离，赢得好人缘。但当面说和背后说所起到的效果是很不一样的。背后说别人的好话远比当面恭维别人，效果要好得多。如果你当面说人家的好话，对方可能以为你是在奉承他、讨好他。相反，如果你的好话是在背后说的，人家会认为你是真心的。这样，他自然会领情、会感激你。

比如说领导好话，当面说与背后说就有很大的差别。如果你当着领导和同事的面说领导的好话，不仅效果不好，甚至还会引起相反的效果。同事们会说你是在讨好领导、拍领导的马屁，从而招致周围同事的轻蔑。同时，领导脸上可能也挂不住，会说你不真诚。与其如此，还不如在领导不在场时，大力地"吹捧一番"，但态度一定要真诚。这样，既不会有拍马屁之嫌，也不会让领导难堪，反倒会让领导在从他人口中听到你说他的好话时感到高兴，对你另眼相看。

如果你是一名中层管理者，不妨在面对你的领导或其他同事时，恰如其分地夸奖你的部下，你的部下一旦知道了，就会对你心存感激，你们的沟通也就会更顺畅，感情也会更进一步。

多提供见面的机会

唉，郁闷啊！林经理又一次叫错了我的名字。她总是把我错认成另一部门的 Tina（蒂娜）。今天下午开完会后，林经理向我走过来。对我说："上午叫你去找肖总拿一份资料，你去了吗？"当我正在疑惑的时候，她紧接着说："你不用去了，肖总有事出去了，你记得问问肖总的助理，看肖总什么时候回来，你再去找他拿资料。"我更疑惑了，我想她肯定又把我当成 Tina 了，于是我郁闷地把这些话转告给 Tina，并向她抱怨此事。

下班的时候，我又碰见了林经理。这回她没有认错人，她为下午认错人的事向我道歉，说要我多去她办公室走走，要不然公司这么多新来的员工她都认不过来了。

的确，如果我们多在上司面前走动，见面次数多了，上司对我们自然就熟了，这是人际交往中的频率效应，所谓"见面长不如常见面"，说的就是这个意思。

不管哪个人，对自己熟悉的东西往往有偏向、喜爱的心理定式，所以在人际交往中，对熟悉的人更容易产生好感。要想将陌生人变为朋友，就应该想办法多与对方见面，让对方多看到你、熟悉你，拉近你们之间的距离，他才会有机会了解、喜欢你。

比如，上学时的好朋友在毕业后如果想继续保持朋友关系，就一定要提高见面的频率。如果见面少了、联系少了、彼此就会慢慢疏远。这就是频率效应带来的影响。

所以，我们想要认识一个人，想要维持一段关系，就要给自己与对方多提供一些见面的机会，这样才能与陌生人结识，才不会让朋友疏远。

相互信任可拉近彼此间的距离

许巍毕业后进入一家银行工作，不久，他的领导说公司决定并购一家公司，让他去做调查，并提出自己的意见。许巍立即着手做调查。通过对调查数据的仔细分析，许巍意识到并购存在很大风险，如果某些敏感问题处理不好，还可能影响自己公司的发展。许巍把自己的真实想法告诉了领导。

让许巍没想到的是，领导对他的建议表现出了极大的不满，也许是领导对并购计划充满了太多的期待。出于一时之气，领导告诉许巍，今后他可以不用参加公司的并购调查了。然而，许巍并未气馁，他劝说领导，请求领导给他更多的时间，让他做更深入的调查分析，然后再做决定。领导犹豫了一下，终于同意了。

许巍经过深入调查后，给领导做了一个更加全面的分析报告。这次，领导耐心地看了报告，并最终听取了许巍的意见，放弃了这个并购计划。后来的市场发展形势表明，他们这一放弃是明智的。

在这个故事中，可以说，对彼此的信任是许巍成功说服领导放弃计划的基础。在整个沟通过程中，不论是许巍还是他的领导都对对方保持了足够的信任。因为信任下属，这位领导才会给一个与自己观点相左的下属时间去补充证据，并对他的意见认真倾听；因为信任领导，许巍才会在遭到拒绝之后，决定继续搜集证据，再次说服领导。由此可见，信任可以拉近彼此间的距离，让双方都认可对方。

在组织的沟通与管理中，信任的作用无法估量。它促进沟通，使组织成员齐心协力，创造出不可思议的业绩。相互信任是有效合作的前提。只有组织内部建立了信任，成员间信任度才能提高，成员之间才更愿意交流合作、信息共享、相互支持，从而促成团队绩效的提高。

社会中的任何一个人，尤其是组织领导者，要赢得他人的信任，拉近彼此间的距离，首先需要做到言行一致。如果朋友有事求你，你答应他"我会解决好的"，那么你一定要做到，而且要及时。其次要兑现自己的诺言。"我保证下一次会提拔你的"，"我保证一个月内完成任务"，像这样的承诺能够激发起对方的希望与信任，但如果食言也可能破坏对方对你的信任。如果事情发生了变化，应该让别人知道事情的真相，向他们做出你无法兑现诺言的真诚解释，争取获得他人的谅解。

赢人更要赢心

西晋名将羊祜有一次外出打猎，撞见了敌方吴国统帅陆抗。羊祜便下令："我军不许过界。"众将得令，都只在晋地打围。

陆抗感叹道："羊将军带兵有方，这样的人敌人不可以侵犯。"晚上羊祜清点猎物，下令将吴人射杀的如数送还。又一日，羊祜听说陆抗染了疾病，更是派人将药送过去，最终医好了陆抗的疾病。

后来，羊祜不幸病亡。听闻他去世的消息，西晋百姓街巷哭声震天，竟连对面的吴军士兵也暗自垂泪。

这个故事是《晋书·羊祜传》中记载的一段关于羊祜完美解决战争恩怨的故事。羊祜在敌人遇到困难的时候，能够将战争的恩怨与个人的感情抛掷一边，对敌军生病的统帅慨然赠药，如此重情重义，让对手心服口服，这才是真正的胜利。他的故事说明了一个真理：赢人更要赢心。

在人际交往中，这个真理依然很受用。要想赢得人心，就要掌握赢得人心的方法。

1. 感激

永远不要认为一切都是理所当然的。想要他人对你的热情与帮助表示感激，你要先从心底里向对方说"谢谢"。

2. 尊敬

对于他人给予真挚和适时的称赞，不要做伪君子，而要真诚地尊敬他人。永远对他人的工作、兴趣和创意表示关注。从他们的角度和背景来欣赏他们的优点。从他们的视角审视他们的爱好。

3. 积极地表达

注意倾听人们所说的话表示我们认识到他们的重要性。仔细研究他们的长处，对他们积极地表达你的赞赏。

4. 关注

对别人给予一心一意的关注与关怀。不带任何偏见和评价地倾听，对于别人正在讲述的任何事情都要表示友好、关心和同情，不要争辩或火上加油，只有在被请求的时候，才可以给出建设性的意见。

5. 时间

宽大、容忍和忘记不愉快都要花时间，帮助别人进步也需要时间，彼此了解同样需要时间。

只有赢得对方的心，使得对方信任自己，才能真正赢得对方的人，从而更快地与对方拉近距离，博得他人的欣赏。

第五章
真诚待人，获得别人敬重的心理奥秘

在人际交往中，要想获得别人的敬重，首先自己应该做到严于律己、真诚待人，不伤及他人的尊严，宽容、善待他人。只有做到这些，才能保持与对方之间的良好感情及融洽关系。掌握了如何获得别人敬重的心理奥秘，相信在社会交往中你一定会胜人一筹。

尊重别人就是尊重自己

小张和同事小范去曼哈顿出差，正要吃早饭时，小范出去买报纸。过了五分钟，小范空手回来了，他摇摇脑袋，叹了口气。

"怎么啦?"小张问。

小范答道:"我走到街对面的那个报亭，拿了一份报纸，递给那家伙一张五美元的票子。他不是给我找钱，而是从我腋下抽走了报纸。我正在纳闷，他开始教训我了，说他的生意绝不是在这个高峰时间给人找零钱的!"

同事们边吃饭边讨论早上这一小"插曲"，同事们都认为这里的人傲慢无理，都是"品质恶劣的家伙"。饭后，小张决定再去试一试，让小范在饭店门口等他。小张穿过马路，当报亭主人转向他时，小张客气地说:"先生，对不起，我不知道你能不能帮个忙。我是个外地人，需要一份《纽约时报》。可是我只有一张五美元的票子，我该怎么办呢?"他毫不犹豫地把一份报纸递给了小张，说道:"嗨，拿去吧，找开钱再来!"

小张拿着"胜利品"满意而归。同伴摇摇脑袋，随后小范把这件事称为"54号街上的奇迹"。小张顺口说道:"我们这次出差又多了一分收获，那就是'一切在于方法'。"

　　同样是拿五美元去买报纸，为什么小张就可以拿回报纸，小范却空手而归呢？很显然，是两人在对待卖家的态度上有很大的差异。小张在付钱时对卖家的态度很谦和，并主动说自己是外地人，只有一张五美元的票子，但又需要一份报纸，问卖家自己该怎么办。这显然是对卖家的一种尊重。既然卖家得到了小张的尊重，那么他也会尊重小张，自然就会把报纸给他，还主动给了他延迟付钱的特权。

　　现实正是这样，尊重他人是成功社交的策略，这会使你和他人之间保持一种融洽的关系。在这种情况下，就能建立起公平和信任，并能互相交换态度、感情和需要等。有了这种相互影响和共同分担后，就可以找到创造性的解决办法，从而使双方都能受益。

　　在物理学中，力与力的关系是作用力与反作用力的关系。若用到人际关系中，就是你给别人付出多少，你就能收获多少人情。事实就是这样，当你对别人的尊重多一分时，别人对你的尊重也会随之增长。

　　在人际交往中，尊重对方就能够得到对方的尊重，这是一种给别人尊严的心理策略，只有懂得了这一原则，才能处理好你身边的人际关系。

真诚待人才能获得尊重

少女奥莉维亚天生丽质，言谈举止落落大方，十分招人喜爱。马克·吐温一见到奥莉维亚，就对她产生了好感。随着彼此了解的加深，他们真诚地相爱了。但是，奥莉维亚的家教很严，马克·吐温要想娶她，必须征得她家人的准许。马克·吐温找到奥莉维亚的父亲，提出了自己的请求。

由于奥莉维亚的父亲对马克·吐温的为人很不了解，便没有立刻答应他，而是要他拿出材料来证明自己是个品行端正的人。

马克·吐温从奥莉维亚的家里出来后，就去办这件事。他想让奥莉维亚的父亲了解真实的自己，所以，他没有去找那些欣赏他的人，而是找到六位平时对他不屑一顾的人，请他们每人分别写出一份证明材料。自然，这六个人的证明材料里充满了嘲讽、批评之言，甚至对于这桩婚事也不认同，话里话外说的都是"此人不配令爱"的意思。

巧伪不如拙诚。马克·吐温深知这六份证明材料对自己求婚不利，可还是把它们毫无保留地交给了奥莉维亚的父亲。奥莉维亚的父亲仔细看完了六份证明材料后陷入了沉思，过了好一会儿才打破了沉默。他凝视着马克·吐温问道："他们都是些什么人？难道在这个世界上你连一个好朋友都没有吗？"

马克·吐温没做任何辩解地回答说："这样看来，的确是连一个好朋友都没有。"

出乎意料的是，未来的岳父大人对他表示："我喜欢你的真诚，决定同意你和我女儿结婚，因为真诚可以使一个人的缺点和错误变得值得原谅。现在，我比他们更了解你。首先，你是一个真诚的人，不隐讳别人对你的不好看法；其次，你也算是一个勇敢的人，敢于拿出对自己不利的材料来求婚。从现在起，我将成为你最真诚的好朋友。"

奥莉维亚的父亲没有看错人，真诚的马克·吐温也没有辜负奥莉维亚一家人的信任。奥莉维亚成为马克·吐温的妻子后，生活十分幸福、美满，正如她在写给姐姐的信中所说："我们的生活充满明媚的阳光，看不到一丝一毫的阴影……"

事隔多年，有一次岳父提及当年的求婚之事，问马克·吐温为什么要那样做时，马克·吐温微微一笑，说："知道了我的弱点，您就不会对我期望过高。从不高的期望中发现我的优点，您就会为没有选错女婿而高兴和自豪。我是在用真诚求爱。"

马克·吐温的岳父满意地说："真诚不是智慧，但它时常放射出比智慧更诱人的光芒。有许多凭智慧得不到的东西，靠真诚却能轻而易举地得到它。"

马克·吐温用自己的真诚打动了他的岳父，从而成就了他和奥莉维亚的婚姻，并且过得非常幸福。是啊，要想获得别人的尊重，就必须对对方真诚以待，只有这样做你成功的概率才会更高。

真诚能促进人与人之间的尊重和信任，为个人的发展打下坚实的基础。真诚是心胸开阔和充满自信的表现，是争取谅解、赢得人心和反败为胜的诀窍。

诚实是做人的根本。离开"诚信"二字，就没有资格奢谈什么情操、气节和教养。只有真诚，才能获得别人的尊重和信任，在复杂的人际交往中立于不败之地。

不要揭露别人的短处

陈嚚与纪伯是一对邻居。一天夜里，纪伯偷偷地将隔开两家庭院的竹篱笆向陈家那边移了三米，以便让自己的院子宽敞一些，这一举动恰好被陈嚚看到了。纪伯走后，陈嚚将篱笆又往自家这边移了三米，使纪伯的院子更加宽敞。纪伯发现后，心里很是愧疚，不但归还了侵占陈家的土地，而且还将篱笆往自家这边移了三米。

陈嚚面对自己邻居的自私行为，采取了"曲为弥缝"的做法，让纪伯意识到自己的不当行为，并深感内疚，使他对陈嚚的宽宏大量表示感激。

陈嚣的"邻之短处，曲为弥缝"的行为，不仅避免了邻里之间的矛盾冲突，而且还加强了邻里之间的和睦。这种做法可谓变通得巧妙。俗语道：远亲不如近邻。为自己建立起邻居这张方便、强大的人脉网，可以在需要时迅速得到他们的鼎力相助。反过来，试想一下，如果陈嚣不用此法变通，再将篱笆移回至原处，即便不多移三米，纪伯发现后，还是会无视自己的自私，而视这种行为为理所当然，最终的结果就不会是现在这个样子了。

《菜根谭》上说："人之短处，要曲为弥缝；如暴而扬之，是以短攻短。"意思是：别人有缺点或过失，要为他掩饰或婉转地规劝，假如去揭发张扬，就是用自己的短处来攻击别人的短处，结果于人于己都没有什么好处。

展现自己却不贬低别人

姜先生是合肥市某县人事局调配科的干部，按说搞人事调配工作很难有不得罪人的，可他却是个例外。刚到人事局的那段日子里，姜先生几乎一个朋友都没有，因为他正春风得意，对自己的际遇和才能十分满意，每天都吹嘘自己在工作中的成绩，炫耀每天有多少人请他帮忙，同事们听了之后不仅没有人分享他的喜悦，还都很反感他。后来，还是当了多年领导的老父亲一语点破他，这才意识到自己的症结到底在哪里。

从此，他很少谈自己而多听同事们说话，因为他们也有很多事情要"吹嘘"。把自己的成就说出来，远比听别人吹嘘更令人兴奋。每当他有时间与同事闲聊的时候，总是先听对方滔滔不绝地把他们的得意事炫耀出来，并与其分享，只有在对方问他的时候，他才谦虚地说一下自己的成就。

幸好姜先生意识到了自己的错误，并学会了与同事的相处之道，这才得到了别人的尊重。在人际交往中，有很多人像姜先生一开始一样，为了表现自己就自命清高，经常旁若无人地高谈阔论，甚至做出夸张的表情。有的人为了显示自己，对别人不屑一顾；有的人趾高气扬，以批评别人、贬损别人为乐；还有的人为了得到晋升，踩着别人的肩膀往上爬……这些都是让人不齿的行为。

表现自己和贬低别人只有一步之遥，把握好二者的分寸尤为重要。假如你与某人话不投机，你应该认识到对方有权保持他自己认为正确的思想和行为方式，你根本用不着计较，更不必反唇相讥，挑起口水战，你可以一笑了之。那些总想借贬低他人来抬高自己，想靠揭人之短来达到自己目的的人，最后的结果就是搬起石头砸了自己的脚。

人际交往中，不会展现自己就难以获得高质量的社交效果，适当地展现自己，尽量把自己的长处呈现在朋友面前是人之常情。得体的打扮、温文尔雅的举止、广博的学识、能言善辩的口才，都会带来理想的交际效果。

人际交往一定要先学会做人，只有将心比心、以心换心，才能够赢得别人的尊重。凡事要以客观为依据，一分为二地理解对待，既不要高高在上，也不要低三下四。无论何时何地，努力做个正直无私、表现得体的人。在自己工作和生活环境中，经营出一种互爱、互助、互惠的氛围，这才是我们所追求的最舒适、最惬意的社交空间。

谦虚但不让人感到虚伪

我国古代著名的大思想家、教育家孔子，学识渊博，但从不自满。他周游列国时，在去晋国的路上，遇见一个七岁的孩子拦路，要孔子回答两个问题才肯让路。其中的一个问题是：鹅的叫声为什么大？孔子答道："鹅的脖子长，所以叫声大。"孩子说："青蛙的脖子很短，为什么叫声也很大呢？"孔子无言以对。他惭愧地对自己的学生说："我不如他，他可以做我的老师啊！"

我国古代名医扁鹊也是一个谦虚的人。一次，魏文王问名医扁鹊："你们家兄弟三人，都精于医术，到底哪一位最好呢？"

扁鹊答道："长兄最好，中兄次之，我最差。"

文王再问："那么为什么你最出名呢？"

扁鹊答道："我长兄治病，是治病于发作之前。由于一般人不知道他事先能消除病因，所以他的名气无法传出去，只有我们家的人才知道。我中兄治病，是治病于初起之时。一般人以为他只能治轻微的小病，所以他的名气只限于本乡。而我治病，是治病于病情严重之时。所以大家以为我的医术高明，名气因此响遍全国。"

孔子之所以成为伟大的思想家、教育家；扁鹊之所以可以成为名医，这与他们的为人谦虚是分不开的。谦虚，永远是赢得他人好感和受人尊敬的法宝之一。但谦虚也要掌握一个度，在现实生活中很多人虽然谦虚，但却没有把握好谦虚的度，过谦反而让人感到虚伪，从此敬而远之。谦虚是一种美德，谦虚的人在人际交往中总能给人以好感。谦虚豁达的人能赢得更多的知己，妄自尊大、小看别人、高看自己的人总是令人反感，在社交中使自己到处碰壁。老子曾说："良贾深藏若虚，君子盛德容貌若愚。"意思是说：一个好的商人总是隐藏其宝物，而外表看起来一无所有；一个品德高尚的君子，谦卑恭让，而外貌却显得愚笨。这句话告诉我们，要敛其锋芒、收其锐气，千万不要不分场合地将自己的才能让人一览无余。

谦虚的人还能得到别人的信赖和尊重。因为谦虚，别人才不会认为你对自己有威胁，才会更好地与他人建立关系，并永远受到欢迎。

一本书掌握社交心理

谦虚与自我展现恰当地结合，是一个人获得成功的途径。不让别人感到失落和使别人对你产生好感的秘诀之一便是恰当地表现自己的谦虚。因为，谦虚的人不受别人排斥。未达到成功的人没有什么值得特别骄傲的，因此，更应该保持谦虚。已经取得成功的人，也不该自高自大、自以为是，更应该继续保持谦虚的作风，因为知识是无穷的，没有任何一种力量能够达到完美。

懂得感恩的人让人敬重

　　曾经有一个年轻人，在一次火灾中，奋不顾身地救起一个小女孩。这件事轰动了全国。不但小女孩的家人多次表示感谢，就连政府部门也给予了他表彰。这位年轻人起初觉得非常不好意思，他说救人是他的责任，换了任何一个善良的人都会去做。可是人们却因此更加敬佩他了。

　　就这样，这个年轻人连续很多年都享受着这样的荣耀，直到他终于不再年轻。他所做过的好事随着时间的流逝渐渐地被人们淡忘。在他40岁的时候，他失业了。他从没想过自己会失业。失去理智的他愤怒地朝着经理吼道："你怎么能这样对待一位英雄呢？"

这位经理只有20来岁，当然不会知道当年他在火灾中救人的英雄事迹。经理轻蔑地说："英雄？你这样的人也能成为英雄？趁早回家去，别在这儿丢人现眼了！"

听了这句话，羞愤交加的英雄冲上前去，一把将这位自鸣得意的经理掐死了。

后来在监狱中，他怎么也不明白，曾经乐观向上，满怀着美好愿望的他怎么会沦落为一个杀人犯。

同样有一个善良的年轻人，从他懂事的那天起，就以帮助别人为乐趣。他做过的好事、帮助过的人数也数不清。他曾经两次在海边救起溺水的儿童。他还曾为一位白血病患者捐献过骨髓。人们像感谢上一个年轻人一样感谢他，他却说："帮助别人能给我带来快乐，因此没有什么好感谢的！"他拒绝了多项荣誉奖章，总是躲着记者采访。久而久之，人们渐渐遗忘了他。

在他临终的时候，有人问他："你真的不希望那些曾经接受过你帮助的人感谢你吗？"他摇摇头，说："每个人都希望自己帮助过的人能对自己感恩，我也不例外。但是我永远记得一句话，那就是'忘记自己曾做过的好事，而对别人曾给过你的帮助，要永远地记住'！"在人们为他竖立的墓碑上，鲜明地刻着一行字：一个真正的英雄。

生命，不单单是一个个体，它应该是一个相互依存的整体。人从获得生命那刻起，便不知不觉地沉浸在恩惠的海洋里。

因为有了感恩，才有了这个多姿多彩的世界；因为有了感恩，才让我们懂得了生命的真谛；因为有了感恩，人与人之间才能和睦相处。

在社会交际中，我们也要怀着一颗感恩的心对待别人。当我们生病的时候，有亲人的照顾；当我们落寞的时候，有朋友的劝慰；当我们遇到挫折时，有大家给我们鼓励与支持……有了他们，让我们在生命的旅程中不再孤独。我们应该感谢每一个帮助过我们的人，只有懂得感恩的人，才能受到他人的敬重，从而交更多的朋友，使自己的社交之路越走越远。

按时赴约受人敬重

1777 年，德国哲学家康德计划到一个名叫珀芬的小镇去拜访老朋友威廉·彼特斯。康德动身前曾写信给彼特斯，说自己将于 3 月 2 日上午 11 点之前到达。康德 3 月 1 日就赶到了珀芬小镇，第二天早上租了一辆马车前往彼特斯的家。彼特斯的家与小镇相距 19 千米，且中间隔了一条河。当马车来到河边时，细心的车夫说："先生，桥坏了，很危险，不能再往前走了。"

康德下了马车，看到桥，中间的确已经断裂了，这样贸然过去是很危险的。河面虽然不宽，但水很深。

"附近还有别的桥吗?"康德焦急地问。车夫说："在上游 6 千米处还有一座桥，但从那里走要花费较多的时间，大概要 12

点半才能到目的地。"

康德又问:"如果我们经过面前这座桥,以最快的速度什么时间能到达?"

车夫回答说:"最快也得用30分钟。"

康德跑到河边一座很破旧的农舍里,客气地向主人打听道:"请问您的这间房子要卖的话打算要多少钱?"

农妇大吃一惊:"我的房子这么破旧,您买它干什么呢?"

"您不要问我做什么,您愿意还是不愿意卖?"

"那就给200马克吧!"

康德付了钱,说:"如果您能马上从破房上拆下几根长木头,并在20分钟内把桥修好,我就将把房子还给您。"

农妇从没遇到过如此慷慨的人,她对康德千恩万谢,并马上把两个儿子叫来,让他们按时修好了桥。

马车平安地过了桥,10点50分康德赶到了老朋友的家。

在门口迎候的彼特斯高兴地说:"亲爱的朋友,您可真守时啊!"

康德却没有提起为了准时赶到而买房修桥的事。

后来,彼特斯在无意中听那个农妇讲了此事,便深有感触地给康德写了一封信。信中说道:"您太客气了,还是一如既往地守时。其实,老朋友之间的约会,迟一些是可以原谅的,何况您还遇到了意外。"

一向一丝不苟的康德在给老朋友的回信中写了这样的一句话:"在我看来,无论是对老朋友,还是对陌生人,守时都是最大的礼貌。"

守时，看似很简单的两个字，但真正做到却很难。守时是一种为人处世的态度。不守时的人就是在浪费别人的时间，鲁迅曾经说过："时间就是生命，无端空耗别人的时间，其实无异于谋财害命。"时间如此珍贵，守时也就更显得无比重要了。

守时是纪律中最基本一条，无论上班、下班或是约会都必须准时，守时即是信用的基石，公共关系的首环，也是社交人士必备的良好习惯。

现代的快节奏生活，要求人们具备时间观念。守时，理应是现代人所必备素质之一。但是，不守时的情况经常在我们的身边发生。通知了几点开会，却总有那么几个人迟到；约会时间已到，有人就是不见踪影；要求什么时间要办完哪件事，也总是有人不能按时完成……诸如此类事情，屡见不鲜，让人心烦。

守时就是遵守承诺。比如，按时到达要去的地方，没有例外，没有借口，任何时候都得做到。即便你因为特殊原因不得不失约，也应该提前打电话通知对方，向对方表示你的歉意。这不是一件小事，它代表了你的素质和做人的态度。

如果你不尊重别人的时间，你就不能期望别人同样尊重你的时间。一旦你不守时，你就会失去信誉，而守时的人会赢得周围每一个人的信任和好感。

放低姿态方能赢得尊敬

日本某矿业公司的总裁性格急躁冲动，工作急于求成，平时又不善言辞，以致被职员们认为是一个不讲人情的上司，大家对他更是敬而远之。他在公司里一度很被动，工作难以开展。

有一次，召开年终总结大会，全公司的领导都出席了。会上大家都为本年度取得的好成绩而高兴，于是，公司总裁的秘书提议：为了使气氛达到高潮，准备把一个分公司的副经理抛到喷泉的池子中去。总裁同意了这个提议，但是先要和董事长打个招呼。董事长表示这样做不妥，决定由他自己——公司最高管理者，在水池中来一个"旱鸭子戏水"。

董事长转向大家："我宣布大会最后一个项目就是'旱鸭子戏水'，请各位注意了，此项目将由我来完成。"于是他跳入喷泉池中，游起泳来，引得参加会议的几百人哄堂大笑……

事后，总裁问董事长："那天您为什么亲自跳下水池，而不叫副经理下去呢？"

董事长答道："让那些职位低的人出洋相，以博得众人的取笑，而职位高的人却高高在上，端着一副架子，使人敬畏，那是最不得人心的了。"

总裁听后，羞愧地低下了头。

董事长放低身段，在活动中与员工打成一片，这其实并没有让员工低看，反而更能赢得员工的信任。在社会交际中也一样，无论你的地位有多高，要想得到别人的尊重，就必须放低自己的姿态，这样才能使对方与你更加和谐地相处。

据一些报道称，西方国家的一些大企业已经取消了经理、董事和其他高级管理人员的专用洗手间、专用餐厅等，他们在工厂与工人们交谈、争论，有时也跪在地上和工人们一道维修出了故障的机器。有些企业更甚之，公司经理、董事长在工作时间同员工穿一样的工作服，一起干活，休息时间坐在一起聊天……总之，他们取消了自己的特权，放下了高高在上的指挥者的架子，打破了他们身上保留的"神秘"，以平等的身份走向员工，与员工亲密接触，相互沟通与交流，从而激发了员工的工作热情，使他们有了归属感、安全感和认同感，从而以轻松的心情投入到工作中，发挥出最大的积极性和创造力。

不管哪个人，如果把自己放在高不可攀的位置上，让别人仰首而视，敬而远之，那么，你的人际交往一定令人担忧。所以，放低姿态是赢得别人尊敬的重要因素。

第五章　真诚待人，获得别人敬重的心理奥秘

第六章
以和为贵，化解人际矛盾的心理奥秘

生活中，人与人之间性格、志趣、观点的不同，或者是偶尔出现的误会，都有可能会引起双方之间的冲突。这种冲突如果不及时化解，就会导致我们的人际关系受损，使双方的矛盾加深。因此，要了解冲突和矛盾的起因，尽量化解矛盾，维护好自己的人际关系。

冒失使你丧失机会

小李从卫校毕业后，到当地的一所医院当护士，试用期三个月，合格的话就会被留用。她嘴甜、勤快，医院里的护士都很喜欢她，尤其是护士长赵姐，对她就像亲妹妹一样。眼看三个月的实习期就要满了，小李却在这时犯了一个致命的错误。

一天午休时，几个护士聚在一起闲聊，小李突然问了赵姐一句："赵姐，你家孩子几岁了？怎么不带到医院来玩啊？"大家都愣了，赵姐勉强笑着回了一句："啊，我还没要孩子呢！"一名老护士连忙岔开话题说起了旅游的事，可小李揪着话题不放，又补了一句："赵姐，那你可得抓紧时间了！不能只顾着事业呀，没有孩子可是女人一生最大的遗憾！"小李自以为话说得很得体，没想到话音刚落，赵姐就涨红了脸，大声喝道："你是谁呀？我的事你管得着吗？"小李目瞪口呆，委屈得直哭。

把赵姐劝走以后，一名老护士才告诉小李，赵姐根本不能生育，在这家医院里，尤其是在赵姐面前，关于孩子的事，大家是连提都不敢提的。结果可想而知，小李的实习不合格，被退回学校去了。小李错就错在太过冒失，不该打听别人的隐私，在赵姐回答没要孩子后，其他护士又岔开话题的情况下，实在不应该再继续问下去，但小李偏偏又自以为是地加了一句，结果惹了大祸。

故事中的小李由于没搞清楚状况，触及护士长赵姐的痛处，让赵姐对其产生反感，最后被取消了转正资格，这又能怪得了谁呢？

每个人总有自己的弱点、缺点或者秘密，在和对方谈话时一定要避开这些他所忌讳的东西。就连鲁迅笔下的那位惯用精神胜利法的阿Q也有忌讳。虽然他惯用精神胜利法安慰自己，也少有耿耿于怀之事，别人欺他骂他，他能控制自己的情绪，但是唯独忌讳别人说他"癞"，因为他头皮上确有一块不大不小的癞疮疤。只要有人当着他的面说一个"癞"字，或发出近于"赖"的音，或提到"光"、"亮"、"灯"、"烛"等字，他都会"全疤通红地发起怒来，估量了对手，口讷的他便骂，力小的他便打"。

在中国古代的传说里，龙的喉部之下约30厘米的部位有一片逆鳞，全身只有这个部位的鳞是反向生长的，如果不小心触到逆鳞，必会被激怒的龙所杀。其他的部位任你如何抚摩或敲打都没关系，只有这一片逆鳞无论如何也触摸不得，即使轻轻碰一下也犯了大忌。

人身上也有"逆鳞"存在，只要我们不触及对方的"逆鳞"就不会惹祸上身。而所谓的"逆鳞"就是我们所说的"痛处"。在社交中，我们一定要谨言慎行，切忌冒失行事，以免触碰别人的痛处，引起不必要的矛盾。

用宽容的心对待别人

经过完璧归赵和渑池之会两次重大事件之后，蔺相如表现出了他强大的应变能力和超凡的智慧。赵王因为他的功劳大，就封他为上卿，职位在廉颇之上。

廉颇很不服气地说："我当赵国的大将，有攻城野战的大功劳，可是蔺相如只凭借口舌立下功劳，如今职位却比我高。况且蔺相如出身卑贱，我不能忍受自己的职位在他之下的屈辱！"并扬言："如果我碰见蔺相如，一定要羞辱他。"蔺相如听见这话，为了避免与廉颇发生正面冲突，尽量不出门，索性称自己生病了，连朝也不上，不肯和廉颇碰面，不愿与之争高低。廉颇碰不到蔺相如，气自然也出不了。过了一些日子，蔺相如出门，廉颇远远望见蔺相如的马车，急忙命令随从驱车上前。蔺相如发觉后，便连忙让自己的车子绕道躲开。这样的事发生了好几次，蔺相如的随从和下人们觉得很丢面子。

蔺相如的门客对他说："我们之所以离开家前来投靠您，是因为仰慕您的崇高品德。现在您比廉颇将军的职位都高，廉将军在外面讲您的坏话，您却害怕而躲避他，恐惧得那么厉害。连一个平常人都会觉得羞愧，何况您还身为上卿呢！我们实在不中用，请让我们告辞回家吧！"

蔺相如坚决挽留他们，说："你们看廉将军和秦王哪个厉害？"门客回答说："自然是秦王。"蔺相如又说："秦王那样威风，而我都敢在秦国的朝廷上呵斥他，羞辱他的群臣。我虽然无能，难道会怕一个廉将军吗？我避开廉将军，不是因为怕他，而是我考虑到强大的秦国之所以不敢发兵攻打我们赵国，是因为有我们两个人在啊。倘若我们不和，强秦就会乘虚而入。我怎能置国家大局于不顾而去计较一己之愤呢？"

当这些话传到廉颇耳中后，廉颇深感惭愧，便解衣赤背，背上荆条，由宾客引着到蔺相如府上谢罪，说："我这粗狂卑贱的人，不晓得上卿宽厚到如此地步啊！"

两人终于和好，成为誓同生死的朋友。

这个故事中，如果蔺相如没有宽容待人的品德，与廉颇计较的话，他们两人则早已发生冲突，不仅成不了朋友，还会使强大的秦国看到他们内部产生矛盾，乘虚而入，来攻打赵国。蔺相如的宽容待人让人廉颇感到无地自容，认识到了自己的错误，并主动上门负荆请罪。

自古以来，用宽广的胸怀包容、软化对手是人们欣赏和提倡的应变之术。一般来说，以宽容对待敌意，化敌对为合作的策略往往运用在处理内部矛盾或冲突上。虽然内部的矛盾或冲突可能没有根本的利害分歧，但是如果事情发展到敌对的程度，那么也就有了某种危机，并且如果处理不好，还会导致激化矛盾的危险。而拥有宽广的胸怀，能够大度地包容对手的人不仅能轻松地处理危机，还能拥有广阔的人脉。

以宽容之心对待对自己有敌意的人，其基本的指导思想是"以和为贵"。善于做大事的人都懂得这一点。

放弃以往的恩恩怨怨

丽莉37岁，她本是一个漂亮、自信的美国女性，但在与丈夫离婚后她却做出了一件惊人的事：她枪杀了自己的前夫和他的现任妻子。为此，丽莉被判处终身监禁。到底是什么原因让丽莉做出这样的傻事呢？

原来是这样的：丽莉原本有一个幸福美满的家庭，丈夫从商，有一家自己的公司，很富有。他们育有六个儿女，全家人都住在一座豪华的别墅里，日子过得很开心。但是丽莉的性格非常暴躁，经常对丈夫发火，抱怨他太忙而忽视了家庭。久而久之，丈夫对丽莉有些厌烦了，就在这个时候他认识了一个年轻漂亮的女明星，为了逃避妻子的抱怨，他和这个女明星发生了婚外情。丈夫决定和妻子丽莉离婚。

丽莉受不了这样的打击，就在法院受理离婚案的时候，她竟然开着汽车撞毁了自己的家，把孩子和丈夫都吓坏了。因为这件事，法官宣判他们离婚，而且认为丽莉的性格暴躁、偏执，不利于孩子的成长，因此把所有孩子的抚养权都判给了她的丈夫。但是丽莉还是得到了一笔数目可观的财产。

离婚后前夫很快就和那个女明星结婚了。丽莉从此不但失去了丈夫，还失去了自己的六个孩子的抚养权，她心里有说不出的委屈和难受。她觉得是前夫的现任妻子夺走了她的一切。于是，她整天计划着复仇，她请了最有名的律师，几经上诉，希望能够夺回孩子们的抚养权，但是每次都被法院驳回了。

后来，丽莉更是想了很多办法去伤害前夫的现任妻子，但是都没有成功。这个时候，她的一个朋友劝道："丽莉，你还年轻、漂亮，又很聪明。我劝你放下这一切，放下仇恨，重新开始。"但是丽莉根本听不进去朋友说的话，在所有通过法律的途径都未达到效果之后，她买了一把手枪，利用一次探视孩子的机会，在一天清晨，将前夫和他妻子杀死在卧室里。最终，丽莉的后半生将在牢狱中度过。

这个故事真的很值得我们反思。虽然失去家庭是非常令人痛心的事情，但是丽莉没有用平和的心去看待这件事情，反而怀恨在心，不肯放下恩怨，结果不仅使自己的孩子失去了亲生父亲的爱，还使得孩子们无人照料。试想，如果丽莉放下仇恨，放下这一切，重新开始生活，也就不会有这样让人痛心的结局发生了。

总是将以往的恩怨记在心里，当恩怨越积越深时，自然就会产生报复的心理，从而使其做出不理智的行为。在人际交往中也一样，只有忘记仇恨，宽宏大量，才能与人和睦相处，快乐地生活。

所以，为了让自己轻松，为了营造一段良好的人际关系，对于在社交中出现的矛盾和冲突，我们要主动化解，宽容对待。

学会用逆向思维解决问题

沙克是一名犹太老人，退休之后买下了一栋简陋的房子。由于地处学校附近，环境也算安静。刚住下的前几个星期，老人感觉还不错。然而不久，有三个年轻人开始在附近踢垃圾桶闹着玩。老人每天都在闹腾的噪声中郁闷不已，终于，有一天老人再也受不了了，于是找那些年轻人谈判。

"你们玩得真开心，"老人说，"我喜欢看你们玩得高兴的样子，如果你们每天都来踢垃圾桶，我将每天给你们每人一元钱。"

三个年轻人听了很高兴，就更加卖力地踢着垃圾桶。不料三天后，老人忧愁地说："通货膨胀使我的收入减少了，从明天起，只能给你们每人五角钱了。"

年轻人显得不大开心，但还是接受了老人的条件，每天继续去踢垃圾桶。一周后，老人又对他们说："孩子们，我最近没有收到养老金的支票，对不起，每天只能给一角钱了。"

"一角钱!"一个年轻人脸色发青地说:"我们才不会为了区区一角钱浪费宝贵的时间在这里表演呢,不干了!"

从此以后,老人又过上了安宁的日子。

在上述故事中,如果沙克老人一上来就先给年轻人们上品德教育课或者大骂一顿,只会使情况朝着更坏的方向发展,说不定那几个年轻人还会针对老人做出更糟糕的事情来。而沙克老人采取了"反其道而行之"的办法,却达到了理想的效果。

其实,在人际冲突中,我们可以采用逆向思维的方式,这对于解决问题、消除冲突、避免争端是十分有利的。

逆向思维是激励技巧的一个基本思维方法。有的时候通过反向推导,你就会发现对方需要什么,而通过换位思考,你就会知道别人反感什么。当你知道了对方需要什么和反感什么之后,你就能够找到满足他的需求和避免影响彼此关系的东西。因此,运用逆向思维也是解决人际矛盾的要求。

不要总把错误推到别人身上

小玲是个非常自我的女孩,平时只要有点事就把责任推到别人身上,把自己的责任撇得一干二净。

有一次，芳瑜和小玲一起去超市，小玲的一个朋友拜托她在路过的药店买点感冒药，她很爽快地答应了。小玲从超市回来后，看到她那位朋友一愣，尴尬地说道："啊，我忘了给你买药了！都怪芳瑜买的东西太多了，花了很长时间，弄得我都忘了，实在是对不起啊！"

芳瑜很郁闷，小玲又把责任全推到她身上，于是便对小玲说："是你在回来的时候只顾着买你的炒栗子才忘了的吧，你怎么从来都认为自己没有错，而把责任推到别人身上呀！"小玲的朋友也在一旁调侃："看来是你们都没把我放在心上啊！"

从故事情节来看，错误在小玲身上，因为她的朋友让她帮忙带感冒药，她给忘记了。但小玲自己却不这么认为，她在埋怨是由于芳瑜买的东西太多，才导致自己忘记了购买感冒药。这种归因偏差引起了三个人之间的冲突。归因偏差是指认知者源于人类认知过程本身固有的局限或者不同的动机系统而歪曲了某些本来是正确的信息，导致归因不够客观的现象。

其实，在人际交往中有很多冲突都是由于归因偏差引起的。比如，有的人忘记了自己和爱人的结婚纪念日，爱人就认为你没有将她放在心上，而你则是觉得是因为最近工作太忙了，所以才忘记的。这种归因的差异性就有可能导致两人之间产生隔阂，导致冲突。

形成这种偏差的主要原因，是因为双方所站的角度和出发点不同，有时候是人们的利己主义在起作用。因此，在社交中，如果要想避免和别人发生冲突，就要找出归因偏差的原因。要时刻站在对方的角度和出发点考虑问题，不要总是把责任推到对方身上，尽量避免你们之间矛盾的发生。

注意记忆上的疏忽

周五是小李一周以来最忙碌的一天。正在他忙得焦头烂额的时候，他的好朋友小张打来了电话。

"小李，周末有什么安排吗？"小张在电话那头问道。

"周末呀，没什么安排呀，怎么了？"小李着急地说。

"那我们一起去爬山吧，趁周末休息时间放松下心情。"小张说。

小李想都没想，便说了句："可以。"

"那好的，明天早上九点见！"小张说。

小李匆忙挂断了电话，又开始忙碌自己的工作。

第二天一大早，小李早上八点钟到了预约的地方，却没看到小张，左等右等等了将近半个小时，还没看到小张的身影。一直等到九点钟，才看到小张。小李见到小张迎上前第一句话就说："你怎么这么晚啊，都迟到一个小时了。"小张有些茫然，说："没有啊，这不刚到九点钟吗？"于是，俩人因为预约时间的问题起了争执。

小李说自己明明记得小张说的是八点见面，还说自己绝对不会听错。而小张呢，更是认为自己根本没有迟到，却被小李说了一通而感到生气。两人因为此事都没心情去爬山了，不欢而散。

回到家后，小李努力回想当时小张打电话时说的话，猛然意识到确实是自己记错了，小张说的好像的确是九点，都怪自己当时太忙，记错了时间。于是，他打电话向小张解释是自己犯了记忆上的疏忽，弄错了时间，希望小张能原谅自己。既然误会解开了，两人和好如初。

这种记错信息的现象是记忆错觉的一种，叫误导信息效应，是指记住错误导向的信息。

曾经有过这样一个实验：实验者短时呈现给人们一幅画，结果发现人们对图画内容的报告大相径庭，人们的报告似乎主要依赖于个人背景及其反应偏好，而不是图画内容本身。故事中的主人公坚持说自己没记错，就是他的潜意识在维护自己的结果。

这种误导信息效应的出现，在现实的生活中非常普遍，很多时候我们都会发现自己记忆的信息与别人的有所出入，这时候就有可能与对方产生误会，导致矛盾的发生。所以，要想维护好自己的人际关系，一定要对此予以重视，以免造成与别人关系的恶化。

运用幽默减少矛盾

艾丽丝是一家公司的接待员，每天得应付访客、电话、杂事等，空闲的时间还必须打字。有时，某些自以为是的人打来电话，往往给她出难题："我要和你的老板说话。"

艾丽丝说："我可以告诉他是谁来的电话吗？"

那人大声说："快给我接你的老板，我要马上和他说话！"

艾丽丝忙说："很抱歉。他花钱雇我来接电话，似乎很傻，因为十个电话中有九个是找他的。"

来电话的人听完这句话后笑了，然后把他的姓名及电话号码留给了艾丽丝。艾丽丝既要知道是谁找老板，又不能得罪对方，只好采取这种看似自嘲的幽默方式来达到目的。

原本情绪比较激动的访客只因为艾丽丝用了一点儿小小幽默就熄灭了心中的火气，并主动将自己的姓名和电话号码留给了艾丽丝。看来适当地来点儿小幽默能减少矛盾的发生。

在社会交际中，幽默的人总是能给别人带来快乐，它使生活充满了快乐、温暖、爱心和希望。似乎每个人都喜欢和幽默的人一起工作、一起做事。女孩们都喜欢选择天性诙谐幽默的男人做丈夫，学生们都渴望老师把枯燥的学问讲得妙趣横生，购物者都希望自己面对的是个幽默风趣的销售员。幽默好似一种调节剂，可以将不和谐的场面变得融洽。

著名的喜剧大师卓别林曾说："通过幽默，我们在貌似正常的现象中看不出不正常的现象，在貌似重要的事物中看不出不重要的事物。"是啊，生活中的幽默不但可以化解矛盾、调节情绪，还能使心理处于相对平衡的状态。

沉默是化解冲突的利器

鲁利与冯军是业务部的两名得力干将，也同为销售部经理的候选人。公司总裁有意考查他们的能力，派他们两个人一起出差，去洽谈一个大项目。这个项目与公司未来的发展关系重大，因此，公司总裁要求他们随时汇报洽谈进展情况。汇报工作采取轮流汇报的方式进行。

两人都明白这次洽谈的分量，也知道彼此在洽谈中的表现将直接影响自己职位的晋升。刚开始，两人配合还算默契，后来却因为一些小问题发生了争执。不过，洽谈工作进展还算顺利。按照公司要求，鲁利和冯军轮流向总裁汇报情况。鲁利认为，两个人有争执是在所难免的，每次汇报工作，他都只谈工

一本书掌握社交心理

作进展，从不提及与冯军的矛盾；而冯军则不一样，他把对鲁利的抱怨也作为了汇报工作的一部分。总裁感到有些奇怪，为什么自始至终都只听到冯军对鲁利单方面的抱怨呢？

谈判结束，两人高高兴兴地回了公司。令鲁利惊讶的是，同事们都一个劲地恭喜冯军，说他这次立功了，公司已放话会有重奖。相反，却没有人对自己表示祝贺。一位关系不错的同事告诉他"大家都知道这次洽谈成功全靠冯军"。正在这时，总裁打电话过来，叫鲁利去趟办公室。

来到总裁办公室，鲁利询问了更多洽谈细节，他如实地一一作答。接着，总裁又向他了解冯军在洽谈中的表现，他也做出了客观的评价。

一个星期之后，公司宣布升任鲁利为销售部经理。理由是：公司选拔的领导者必须具备宽广的胸襟与度量。在整个洽谈过程中，鲁利体现了这一优秀品质。

这件事情让鲁利深有感触，他更深刻地体会到"沉默是金"的道理。

这个故事中，虽然鲁利和冯军两个人一起去洽谈大项目，而且两位都是销售部经理的候选人，但冯军总是在总裁那儿抱怨鲁利这儿做得不好，那儿做得不对，而鲁利在他们两人的问题上则选择了沉默，与总裁只谈工作，并没有说冯军的不是。结果，鲁利的沉默让他赢得了销售部经理一职。

俗话说："言语伤人，胜于刀枪，刀伤易愈，舌伤难痊。"所以，沉默则能化解矛盾、缓和冲突。沉默不仅能化解冲突，也可能产生意想不到的效果。正所谓言多必失，大凡我们的语言总是有这样或那样的漏洞，许多人在缺乏自信或极力表现时，可能会因语言使用不当给自己带来麻烦。因此，在某些场合，沉默可以避免失言。

不过，沉默也要分情况而定，不能什么时候都保持沉默。但在自己不了解情况的时候，千万不要乱发言。如果你是领导者，当员工内部发生争执，要求你做公断时，适当的沉默是缓兵之计。在不了解情况或未经深思熟虑之前，绝不可表明自己的立场、发表自己的看法。

在众人面前，对自己没有把握的事情保持沉默是明智之举。这样既能让自己表现得成熟、稳重，也可避免暴露自己的无知。

第七章

察言观色，塑造和谐语境的心理奥秘

"良言一句三冬暖，恶语伤人六月寒"。语言不仅能够进行信息传递，还可以进行感情交流。一句宽慰的话可以化干戈为玉帛；一句污辱的话会导致一个人心灰意懒；一句激励的话能让人振奋；一句冷漠的话会让人心寒。在社交中，我们需要掌握一定的说话技巧，才能让交谈更加顺畅地进行。

面对恶语要迂回反击

一家药店和一家书店的店铺位置是紧挨着的，有几次书店的送货车挡住了药店的门面，影响了药店的生意，药店老板很不乐意，于是双方发生了争吵。

药店老板觉得自己吃了亏。一天，药店老板踱进书店，故意找碴儿。他拿起一本书，阴阳怪气地问："这本书是讲什么的？有意思吗？"

这时候，书店店员马上过来解释道："您拿的这本书是介绍饮食文化的，我没读过，具体内容说不上来，实在抱歉。"

药店老板开始用恶语伤人："你们没读过，书上讲什么你们也不知道，怎么就拿出来卖呢？还说顾客是上帝呢，简直是胡说八道！"药店老板恶狠狠地说道。

书店店员面对药店老板突如其来的恶语虽然很生气，但他知道药店老板是专门过来生事的，于是很快调整了情绪，有礼貌地说："这位不是隔壁药店的老板吗？你们药店卖的药有好几百种，您能都吃过再卖吗？我们是近邻，远亲不如近邻嘛！咱们都是做生意的，隔行不隔理哟。"

药店老板被驳得无话可说，无趣地走了。

一本书掌握社交心理

在这个故事中，书店店员面对药店老板的恶语进行了巧妙而有力的反驳，并且点到了要害，使药店老板失去了再用恶语伤人的可能，避免了矛盾的激化。

在人际交往中，当你遇到他人口吐恶语时，必要时当然要反驳。不过反驳时要注意：有理、气和、声不高。要像故事中的书店店员一样，采用迂回的方式进行反击，一语击中要害，让对方无话可说。

此外，还可以采用以退为进、机智偷袭的方法。如著名漫画家张乐平先生的那幅《三毛叫妈》的漫画，画的是三毛巧妙地运用自己的智慧，成功回应了富婆对自己的侮辱。漫画画的是一个富婆让三毛叫她的哈巴狗几声"爸"，就给三毛30块大洋。三毛面对这样的侮辱，想出了一条妙计，应声叫了那狗几声"爸"。当富婆在众目睽睽之下把大洋交给三毛时，三毛立即说："谢谢您，妈！"这句话让高高在上的富婆陷入了比三毛更难堪的窘境。

当对方向你发难时，你可以先默认并按照发难者的意图采取行动，然后再用暗含逆转意味的语言"偷袭"对方一下，从而顺理成章地使对方陷入跟自己相同甚至更难的境地，使自己的难堪得以缓解或从中解脱。

摸透对方心理再说话

齐景公是春秋后期的齐国君主，他贪图享乐，喜欢打猎玩鸟，还派了一个人专门看鸟，这个管鸟的人叫烛邹。有一天，不知怎么鸟全都飞跑了，于是齐景公十分生气，要下令斩杀烛邹。

大臣晏子听到这个消息马上赶到，他看到齐景公正在气头上，怒不可遏，便请求齐景公允许他在众人之前数落烛邹的罪状，好让他死个明白，以服众人之心。齐景公答应了。于是，晏子便对着烛邹怒目而视，大声地斥责道："烛邹，你为君王管鸟，却把鸟丢了，这是你第一大罪状；你使君王为了几只鸟儿而杀人，这是你第二大罪状；你使诸侯听了这件事，责备大王重鸟轻人，这是第三大罪状。以此三罪，你是死有余辜。"

说完晏子就请求齐景公处死烛邹。此时，景公早已明白晏子话中的意思，于是转怒为愧，挥手说："算了，不杀他了，我已明白你的指教了！"

晏子知道齐景公正在气头上，直谏肯定不好，为了避免触犯齐景公，给自己引来一些不必要的麻烦，晏子采用了在众人

一本书掌握社交心理

面前数落烛邹的罪状的做法，其实他的话语中透露出的是反对齐景公重鸟轻人的做法。他采取的这种以退为进、以迂为直的方法来间接地表达自己的意见，使齐景公得以领悟其中的利害关系和是非曲直，达到了既救烛邹之命，又得以说服齐景公的目的。这就让忠言听着不再"逆耳"了。

其实，在我们的生活中总会有类似这样的事情发生，这时候应该学会临危而不乱，沉得住气，先摸透对方的心理，再采用合适的方式劝说。如果对方正在气头上，用过于直接的批评方式不仅会给对方带来难堪，也会令自己陷入困境。

所以，想要以口才博弈，赢得对方的认可，就要摸清对方的心理状态和性格特点，遇事冷静，选择一种比较好的表达方式，例如，间接的方法。间接的方法很容易使你摆脱其中的各种利害关系，淡化矛盾或转移焦点，从而减少对方对你的敌意。在其心绪正常的情况下，当理智占了上风，他自然会认真地考虑你的意见，不至于先入为主地将你的意见一棒打死。

迂回地表达反对性意见，可避免直接的冲撞，减少摩擦，特别是面对领导的时候，委婉的反对使他更愿意考虑你的观点。这是一种心理上的策略，只有摸透了对方的性格和心理上的变化，才能运用灵巧的口才艺术，打动对方，说服对方。

把话说到对方的心坎儿里

1671 年 5 月，伦敦发生了一起举世震惊的盗窃案，一伙盗贼潜入伦敦市郊马丁塔，想要抢走英国"镇国之宝"——国王的皇冠。因消息走漏，盗贼束手就擒。国王查理二世得知此事后，非常震惊，决定亲自审问这些胆大包天的盗贼。于是，罪大恶极的首犯布勒特被押到了国王面前。

查理二世看着眼前这位其貌不扬的人，心中暗想："我倒要看看此人究竟有何能耐，居然敢盗国宝。"想到这里，他便开口问道："听说你还有男爵的头衔?""是的，陛下。"布勒特老实地回答。

"我还听说你这个头衔是诱骗了一个叫艾默思的人而得来的。""陛下，我只是想看看他是否配得上您赐给他的那个高位，要是他轻而易举地被我打发掉，陛下就能挑选一个更适合的人来接替他了。"

查理二世沉思了一会儿，觉得布勒特不仅胆大包天而且口齿伶俐。于是又厉声问道："你胆子越来越大，竟然敢来盗我的皇冠?""我知道我这个举动太狂妄了，但是，陛下，我只是想以此来提醒您关心一下我这个生活无依无靠的老兵。""什么?

一本书掌握社交心理

你是我的部下?""陛下,我从来不曾对抗过您,现在天下太平,所有的臣民不都是您的部下? 我当然也是您的部下了。"

听到这里,查理二世觉得布勒特更像是个无赖,他又问:"那你说吧,该怎么处理你?""从法律的角度说,我们应当被处死。但是,我们五个人每一位至少会有两位亲属为此而落泪。从陛下您的角度看,多十个人赞美总比多十个人落泪好得多。"

查理二世没有想到他会如此回答,接着又问:"传说中你是个劫富济贫的英雄,你觉得自己是个勇士还是懦夫?""陛下,我没有一个地方可以安身,到处有人抓我,去年我在家乡搞了一次假出殡,希望大家以为我死了而不再追捕我。这不是一个勇士的行为。因此,尽管在别人面前我是个勇士,但在陛下的权威面前我是个懦夫。"

这番强词夺理的辩解竟然让查理二世大悦,最后赦免了布勒特。

布勒特被赦免了,这完全是因为他掌握了说话的艺术,因为他的话让查理二世听了很高兴,而不觉得厌烦,布勒特把话说到查理二世的心坎儿里了。

每个人都喜欢别人说好听的话。有时,即使明知对方讲的是奉承话,心中还是免不了会沾沾自喜,这是人性的弱点。一个人受到别人夸赞,绝不会觉得厌恶,除非对方说得太离谱。

在人际交往中不难看出,当一个人听到别人的奉承话时,虽然口里连说:"哪里,我没那么好,你真是很会讲话。"但心中却非常高兴,脸上堆满笑容。即使事后冷静地回想,明知对方所讲的是奉承话，却还是抹不去心中的那份喜悦。

因此，把话说到对方的心坎儿里是参与社交所必备的技巧，话说得得体，会使你更讨人喜欢。要想说到对方的心坎儿里，首要的条件是要有一份诚挚认真的态度。言辞会反映一个人的心理，因而有口无心或是轻率的说话态度，很容易被对方识破，从而产生不快的感觉。

所以，夸赞别人要坦诚，这样，你所说的话，才会让别人听进去，才会让别人信服。

察言观色，把话说得恰到好处

汉高祖刘邦消灭项羽后，平定了天下，对群臣大行封赏。大臣们见此都纷纷争功，结果持续了一年也没有定论。刘邦认为萧何功劳最大，就封萧何为都侯，封地也最多。但是群臣心中不服，议论纷纷。在封赏勉强确定之后，大家对席位的高低先后又起了争议，有人都说平阳侯曹参身受创伤七十余处，而且攻城略地，功劳最大，应当他排第一。刘邦因为在封赏的时候已经委屈了一些功臣，多封了许多给萧何，所以在席位上难以再坚持，但心中还是想将萧何排在首位。

关内侯鄂君看出了刘邦的意图，便上前说道："曹参虽然有攻城略地的功劳，但这只是一时之功。皇上与楚霸王对抗五年，每次兵员伤亡后，都是萧何源源不断地从关中派兵员填补前线上的漏洞。楚、汉在荥阳对抗了好几年，军中缺粮，也都是靠萧何转运粮食补给关中，粮饷才不至于匮乏。再说皇上有好几次脱离险境，都是靠的萧何，这可是万世之功啊！为什么你们认为一时之功高过万世之功呢？我主张萧何第一，曹参其次。"刘邦听了，当然说好。于是下令萧何排在第一，可以带剑入殿，上朝时也不必急行。

刘邦虽然表面上不再坚持萧何应排在第一，但鄂君早已揣摩出他的心意，于是顺水推舟，专拣好听的话讲，刘邦自然高兴。鄂君也因此多了一些封地，被改封为安平侯。

鄂君之所以多得了一些封地，并被改封为安平侯，这与他说话时懂得察言观色、投其所好有直接的关系。他的话让刘邦听了非常高兴，等于帮刘邦解了围。

在社交中，与别人对话的时候，一定要先细心倾听之后，再投其所好。这是一种说话的策略，在双方力量悬殊的情况下，不妨运用这种策略，以屈求伸。这与两面三刀是不同的，两面三刀是小人的卑劣行径，而投其所好是智者的应变技巧。再者，两面三刀是阴险诡秘的行为，为人所不齿，而投其所好是为了保全自己而采取的一种策略。

以情入话，话入人心

刚调到一个机关单位做办公室主任的老于，一上任就碰到了个小麻烦——上级分配植树任务，单位的几十名同志都主动分担了一些任务，唯有几个老员工任凭老于怎么动员也不愿参加，搞得老于很难堪。

下午下班后，老于把这几位"刺头"叫到办公室，轻声地说："我现在很为难，请你们帮个忙，真心感谢你们了。"原来态度还很强硬的几个老员工听了这句语重心长的话，纷纷表示："主任，我们不会为难你了。"说完立即开始了植树任务。

一句充满人情味的请求话，比通盘大道理更有用，更能打动人心，这句话能让几个老员工觉得："主任看得起咱，怎么能不给他面子呢？"

通常对待那些很难搞定的员工，如果你采用强硬的方法是很难将其说服的，要想说服他们，就要说一些能打动人心的话语，不仅要"晓之以理"，还得学会"动之以情"。就像故事中老于所用的方法，他只说了"我现在很为难，请你们帮个忙，真心感谢你们了"，就让几个"刺头"心甘情愿去做原来不想

一本书掌握社交心理

做的事情。得到这一结果的原因，并不是那几句话有多大的魔力，而是因为老于把自己的情感恰如其分地融入到了话中，从而打动了对方。

在日常交际中，面对一些难缠的人，只知道讲事实、摆道理，反反复复唠叨个不停，最后得到的肯定是对方的厌烦，而如果用商量的语气、诚挚的情感，自然让对方无法心生反感，并乐意与你交流畅谈。

如果把说话比作一幅图画，那么话的内容就是这幅图画上用线条勾勒出的轮廓，而感情就是画中的色彩。如果少了色彩，画作就会显得单调，毫无情趣可言，更不用说栩栩如生引起大家的共鸣了。说话也是如此，要想话语动人，就一定要注入真挚情感，这样的话语才会触动人心中最柔软的部分，唤起他人心中深藏的情感，让对方与你更亲近、更喜欢你。

说话时避免言过其实

古罗马时代有一名战功赫赫的英雄，他的名字叫马西尔斯。公元前454年，马西尔斯打算角逐最高层的执政官以拓展自己的名望，进入政界。

为了竞选这个职位，他为选举初期发表的演讲下了很大的功夫，他以自己十多年来为罗马争战留下来的无数伤疤作为开场白。那些伤疤证明了他的勇敢和爱国情操，人们深为感动，几乎每个人都认为他会当选。

马西尔斯自认为自己一定可以当选，因此，在投票日来临的前夕，他在元老和贵族的陪同下走进了会议厅。当马西尔斯发言时，他不但傲慢地宣称自己注定会当选，而且大肆吹嘘自己的战功，甚至还无理地指责对手，说了一些讨好贵族的无聊笑话。他的第二次演说完毕后迅速传遍了罗马，人们纷纷改变了投票意向。马西尔斯落选之后，心怀不甘地重返战场，他发誓要报复那些投票反对他的平民。

几个星期之后，元老院针对一批运抵罗马的物品是否免费发放给百姓这个议题投票，马西尔斯参加了讨论，他认为发放粮食会给城市带来不利影响，这一议题因而未决。接着他又反对民主，倡议取消平民代表，将统治权交还给贵族。

马西尔斯的言论激怒了民众，人们成群结队赶到元老院前，要求马西尔斯出来对质，却遭到了他的拒绝，于是全城爆发了暴动。元老院迫于压力，终于投票赞成发放物品，但是，老百姓仍然强烈要求马西尔斯公开道歉，才允许他重返战场。

没有办法，马西尔斯只好出现在民众面前开始发言。他的发言缓慢而柔和，然而没过多久，他变得越来越粗鲁，甚至出口伤人，侮辱百姓。他说得越多，大家就越愤怒，他们的大声抗议中断了他的发言。护民官们一致同意判处他死刑，命令治安长官立即拘捕他，送到塔匹亚岩的顶端丢下去。后来，在贵族的干预下，他被判决终生放逐。人们得知这一消息后，纷纷走上街头欢呼庆祝。

　　马西尔斯最后落得终生被放逐的下场，其原因就是因为他太过多言，而且言过其实。如果他在第一次演讲后注意保护自己耀眼的光环，其实还是有机会被推举为执政官的。可惜他无法控制自己的言论，最终自食其果。

　　滥用夸张的言辞是不明智的，在很多时候，说得越多损失就越大。信口开河的人一般都是那些品德不良或知识欠缺的人。当人们发现你言过其实时，常常会觉得他们受到了愚弄，这会严重影响你与别人之间的沟通。

　　在社交中，既要有实事求是的态度，又要给人谦虚的印象，坦白地承认你对某些事情的无知，这绝没什么可耻辱的。相反，别人会认为你的谈话不虚伪，没有自我吹嘘，这样就能赢得好口碑。用夸张的言辞，装腔作势，说得越多，就会让别人更加反感。

　　当你想要提及自己的优点和辉煌事迹时，应该点到为止，不宜夸大，这样才能使对方认同而不会心生厌恶。懂得如何说话的人必定会先称赞对方，借由赞美对方，顺便提到自己的长处，这样才不至于让对方觉得你在自吹自擂。记住：自我的渲染和夸大不可能赢得别人的真正赞许。

旁敲侧击不伤人

一天，一家饭店里来了一位非常挑剔的客人。

这位客人点了一份煎鸡蛋，对服务员说："告诉你们的厨师，一定要给我做好了。蛋白要全熟，但蛋黄要全生，不要用太多的油煎，盐要少放，加点胡椒和一些淡味的调料。还有，一定要是一个乡下活泼健康的母鸡生的新鲜蛋。"

这位服务员听了客人的话，微笑着说："没问题先生，我们一定做到。不过我想请示您一下，生这个鸡蛋的母鸡名字叫阿美，是否合您的意？"

这则故事中，服务员在面对如此挑剔的客人时，他没有直接表达对对方所提苛刻要求的不满，而是使用了幽默提醒的技巧，巧妙地回应了客人的点菜要求。他提出一个更为荒唐可笑的问题提醒对方：你的要求太过分了，我们无法满足。从而恰到好处地表达了自己的不满，而又不伤害客人的面子。

在社交中，说话时采用话里藏话、旁敲侧击的迂回的交谈方式也是一种很好的办法。在与人交谈时，善听弦外之音，又会传达言外之意是一种交流技巧。

生活中，我们总会遇到一些不平之事、挑剔之人，又不能不去表达我们的不满。对于一些非原则性的问题。要做到既能表达出对对方的不满，又不至于破坏和谐的人际关系，确实不太容易。话里藏话、旁敲侧击，恰到好处而又不伤害感情的幽默方式，不失为理想的交流技巧。

　　从处世的角度来说，我们对那些心藏不善的恶意之人，没有必要与其拼个鱼死网破。只要做到打动草丛，惊走毒蛇，就可以了。做一个可方可圆、宽容大度之人，才能更好地立足于世。

第八章
悉心呵护，博得爱人欢心的心理奥秘

　　爱情和婚姻几乎是每个人都要经历的，美满的婚姻也是每个人都想拥有的。那么，在爱情和婚姻中应该如何博得爱人的欢心，是一门很深的学问。学习并掌握一些博得爱人欢心的心理战术和方法，会让你的爱情更加甜蜜，婚姻长久保鲜。

学会欣赏你的爱人

在一次私人宴会上，赫斯勒先生结识了贝蒂纳小姐。两个人聊了一会儿，便谈起各自的职业。赫斯勒先生有些自卑地说："我只是一名小学教师。"贝蒂纳小姐说："真的吗？我认为教师是全世界最神圣的职业，结识您我真的很高兴！"赫斯勒先生简直不敢相信自己的耳朵，他对贝蒂纳小姐说："可是这份工作不仅收入不高，而且也没有什么前途啊！"贝蒂纳小姐说："您不能这么想，您培育出了很多的人才，这是不能用金钱来衡量的。"听了贝蒂纳小姐的话，他非常高兴，而且在那一刻，他爱上了贝蒂纳小姐。

在以后的日子里，赫斯勒先生经常和贝蒂纳小姐接触，并向她求婚。其实贝蒂纳小姐在很早以前就注意到了他，只是没有表达出来。没过多长时间，他们就步入了婚姻的殿堂。结婚之后，贝蒂纳小姐经常赞美自己的丈夫，并且表示自己很崇拜他。这让赫斯勒先生找回了自信，他在工作中更加努力了，不仅教出了很多优秀的学生，而且在五年之后还做到副校长的位置。

通过这个故事我们不难看出，如果经常用赞美的方式鼓励自己的爱人，就会在很大程度上给他带来一定的自信，不仅能助他走向成功之巅，还可以维系夫妻之间的和谐关系。就像贝蒂纳小姐一样，她对赫斯勒先生的欣赏，让他们成了夫妻，而且使婚后生活也过得非常幸福，并且丈夫还在事业上取得了更大的成就。

欣赏是一种心态。当我们安静地驻足欣赏一棵树或一朵花时，平日被忽视的美丽就会展现出来。当你用心去欣赏你的爱人时，对方也会成为你眼中一道美丽的风景。

为夫为妻，或贫或富，都要相互欣赏。只有欣赏得多才会恩爱得深，而恩爱越深，相互欣赏的东西也就会越来越多。欣赏应是多方面的，欣赏对方，不一定是对方的才貌，因为才能有高有低，美貌也终会消逝。只有善于挖掘出对方的优点，夫妻之间才能相互欣赏。当然，无论是夫还是妻，都需要注意提高自身的修养，使自己变得丰富，才能更加吸引对方。

给她无伤大雅的虚荣

柯利是个不懂得哄老婆开心的人，因此，常常惹得老婆欣欣不高兴，通常对他发一顿牢骚，他还不知道是怎么回事。

有一天，欣欣一大早就出去逛街，经过精心挑选，买回几身漂亮的衣服。回到家里她很自然地要在老公面前炫耀一番，但她穿上一件，老公说这件颜色太深，穿上很老气。她立即换了一件，老公又说这件太艳了，不适合她穿。欣欣有些沮丧，又换一身，心想这身是自己最中意的，老公肯定说好，但没想到的是，老公随口说了句"还行吧，凑合可以算得上是这些衣服中最漂亮的一件"。欣欣忍了很久，终于大声叫嚷起来："我买的衣服你看哪件都不顺眼，我就那么没有眼光吗？"随后两个人便开始了争吵。

　　柯利很是懊恼，便向朋友请教问题出在哪里，朋友告诉他：适当时应给老婆一点儿虚荣，称赞她一下，她就会很高兴的。有一天，柯利打算一试究竟。他的妻子欣欣忙活了好一阵子，做出一桌子可口的饭菜，虽然柯利觉得不算很好吃，但他还是夸赞了欣欣一番："今天的饭菜口味很好，看来我老婆最近的厨艺大增啊！"欣欣听了高兴得合不拢嘴，连忙说："你喜欢吃，以后我每天都给你做。"

　　女人多多少少都是有虚荣心的，并且喜欢得到自己爱人的夸奖。因此，作为爱人必须懂得如何博得妻子的欢心。如果柯利在妻子炫耀自己衣服的时候，说一句"很不错，正好能衬出你的好身材"，相信欣欣听了一定会高兴的，而且对丈夫的爱意会倍增。作为丈夫，满足妻子的虚荣心是必须要懂的博爱人欢心的秘籍。

　　只要女人要的虚荣不过分、无伤大雅，男人就不要吝啬赞美之词。一句赞美的话，可能会换来一张甜蜜幸福的笑脸；举手之劳的给予，可能会造就一个任劳任怨的贤妻。

女人大都有爱虚荣的心理，只要男人迁就一些、宽容一些，再多称赞一些，就会拥有皆大欢喜的结局。

相互信任使婚姻更牢固

伽西不仅长得漂亮，还非常有气质，她的丈夫也非常优秀，不仅有自己的公司，而且生意越做越大。刚结婚的时候，伽西认为自己非常幸福，因为找到这样成功的男士并不多见。但是慢慢地，她由原来的得意变成了担心，害怕别的女人会抢走自己的丈夫。于是，她每天都给丈夫打电话，询问他在干什么。有时候，她甚至还会翻看丈夫的衣服，看看是不是和别的女人有染。

有一段时间，她丈夫的公司出了一些状况，每天都有很多事情需要处理，一连几天都留在公司，很少给伽西打电话。这让伽西非常不愉快，她认为丈夫变了心，有了外遇。于是，她跑到丈夫的公司去找他，不仅没有给他带去帮助，还为他添了不少麻烦。很显然，她的这些做法让丈夫很不高兴。

有一天，伽西下班之后又去公司找她的丈夫，发现公司里面只剩下他和他的女秘书两个人。虽然他们两人都在埋头工作，但是伽西还是怀疑他们之间的关系不正常，便和老公吵了起来。最后，她的老公对她非常失望，向她提出了离婚。

伽西之所以会与丈夫分手，其最大的原因就在于伽西与丈夫之间缺少信任和理解，这样的婚姻很难维持下去。如果继续下去只能让两个人都感觉很累，因为伽西总是会给丈夫送去麻烦，却无法与其分担忧愁。如此可见，在婚姻中信任和理解的确是太重要了。

信任和理解是维系婚姻的最主要因素，信任是维系两人感情的纽带，而理解则是这一纽带的最好维护者。婚姻如果缺少了这两个重要的因素，妻子与丈夫总是相互猜疑，那么，时间久了肯定是一个向左走，一个向右走，越走越远。

美满的婚姻要求夫妻双方相互理解和包容，信任也是必不可少的。如果两个人真心相爱，那就要给予对方充分的信任，即使看不到对方的所作所为，也应该相信他不会做什么对不起你的事。否则，动不动就怀疑对方，很容易使你们的感情变得脆弱不堪。此外，两个人相互理解，才能体会到对方的难处和不易，这样才能彼此包容、彼此谅解，心心相印。

不要揭露对方的隐私

张明在大学读书时与同学小梅产生了爱情。毕业后，终因两地分居小梅割断了他们的爱情线。张明为此曾大病了一场，几年后，年过 30 的张明经亲友介绍认识了兰兰，匆匆地举行了婚礼，于是，那段大学的恋情成了张明的"情感隐私"，被埋在了心底。

但就在他们新婚的第二天，当张明准备陪同兰兰回娘家之时，邮递员送来了一封信。信是张明的一个同学寄来的。她告诉张明："最近，我见到了小梅，她现在醒悟到距离对于爱情来说是多么微不足道。几年来，她一直思念着你，她发现，你在她心中的地位是谁也不能取代的。过几天她要出差到你所在的城市，可能会去找你，希望你们能和好如初……"

顿时，张明的眼睛模糊了，眼前的兰兰恍惚变成了小梅。他找了个借口，让兰兰独自回娘家，全然不顾此举会给他们的新婚带来什么后果。这天，兰兰提前从娘家回来，发现丈夫酩酊大醉地倒在床上，枕边搁着一封信。看了信，她无声地哭了。去谴责张明，和他大闹一场？若替张明设身处地地想一想，她能理解他的懊悔和痛苦，如果当初他锲而不舍地追回小梅，何至于造成今天的痛楚？而现在，张明既负有对这个家庭不可推卸的义务和责任，又对远方的小梅怀有不能忘怀的情感。那么，该诅咒小梅吗？她可是不知道张明的近况呀，作为女人，兰兰更能体谅小梅的苦衷。于是，兰兰把信放回原处，替丈夫盖好被子，默默地在他身边坐了好久……

知道了丈夫的"情感隐私"后，兰兰更加温柔体贴，处处关心张明，从不当面揭穿张明的"秘密"。几天后，当兰兰下班回家不久，小梅上门来拜访，兰兰热情地接待她，备好一桌丰盛的饭菜招待小梅。饭后，她又借口出门，好让这对旧日恋人有机会谈一谈。

望着妻子疲倦的面容，张明被深深地感动了，他明白妻子的一片心意。想着兰兰故意给他们腾出时间，小梅的内心也感动了，她真诚而又感慨地对张明说："你有一个多好的妻子呀，你应该知足了！"

每个人都有自己不为人知的秘密与情感。面对他人的隐私，知情人理智的做法就是保密与尊重他人。兰兰尊重丈夫的"情感隐私"，不但没使他们的夫妻感情破裂，反而使张明进一步了解她，萌发了对她真正的爱。这件事，使他们的感情得到了进一步的升华。

夫妻之间需要信任与坦诚，但如果事事都很透明则大可不必。生活中谁没有一些属于自己的小秘密呢？它的存在不会影响到夫妻之间的感情，如果把它说出来可能会让对方有一种"对自己不忠，对婚姻不忠"的错觉。因此，夫妻之间要适当保

一本书掌握社交心理

留自己的隐私。

如果夫妻之间隔着一张透明的纸，那么彼此会有一种朦胧新鲜的感觉，这会更增加夫妻之间的感情，彼此感觉对方对自己是那么的信任和尊重。如果捅破了那张薄纸，个人的性格、脾气及过去完全暴露在对方的视线下，这样就很容易因为无聊的小事或误会而发生冲突，甚至破坏家庭的安定团结，最后走向解体的边缘。

列夫·托尔斯泰曾经说过："过分了解或者过分不了解，同样妨碍彼此的接近。"这句话用在爱情和婚姻上非常合适。这也是爱人之间相处必须要懂得的心理学。把握好可知与不可知的度，就能把握住婚姻幸福的船舵。

距离产生美

有一位画家，他每天路过一个山谷时，总能远远地看到谷底的枫树。那是怎样一棵完美的枫树啊！粗壮的树干，茂密的树冠，火一样红的叶子……就那样安静地、独一无二地站在山谷里。画家不止一次停车观望那棵枫树，晨风中的它，晚霞中的它，秋雨中的它，骄阳下的它……无论哪个角度，无论哪个时段，它都显得那么的美妙绝伦！终于有一天，画家再也控制不住对那棵树的渴望，艰难地穿过山谷，终于来到了那棵树下。

然而，眼前的一切让画家大失所望：原来这棵树早已被虫子啃食得几乎找不到一片完整的叶子，看着那些斑驳的虫痕，画家甚至有些恶心……

很多时候，许多人、许多物，都与画家眼中的枫树一样，当历经千辛万苦得到的同时，也就是彻底失去的时候。事情往往是这样，如果从来不曾拥有，它便会在记忆中鲜活，在距离中完善成永恒。在婚姻关系中也是一样，有时候距离的确可以产生美。

美是依靠距离来塑造的。"一日不见，如隔三秋"，时间的距离会培育美的感觉。"小别胜新婚"也说明适当的距离会使夫妻间感情更加和谐。所以，我们都应该互相留下适当的距离，这样才会使我们的爱情更加的牢固，也会留下美好的记忆。

因此，我们不得不处理好美与距离的矛盾：太近的距离，容易彼此厌倦；太遥远，容易彼此疏离，其关键就在于把握好距离的尺度。

年轻人在热恋之中，会被对方强烈地吸引，哪怕是一个小小的动作也能激发对对方的热情。对方说过的每一句话、每一次微笑、每一个眼神，甚至走过的每一条小路似乎都与他有着千丝万缕的联系，使得痴迷的另一半有着如梦如幻的情意缠绵和无限畅想。当他们遥遥相望时，一切的一切都是那么美好，那么令人陶醉。

可是，当激情过后，两个人真正走近彼此的时候，这种美好就会一天天、一点点离他们远去，最后竟然消失了。是人们之间没有爱了吗？

当然不是。其实，爱本身没有变，变的只是一个人的心情。在恋人之间，留出一点"情感空间"，允许对方在心灵的深处有一片属于自己的领地。所以，为了你和他的爱天长地久，请保留一点不为人知的"真实"，请保持一定的距离。

距离产生美。爱人如此，朋友如此，其他人际关系也如此。所以恋人之间互相尊重，保持一定的距离，乃至故意营造一点朦胧色彩，显然是必要的。

爱情之于距离，就如火之于风。若人们的爱情如熊熊大火，那么风越吹，火就会烧得越猛烈；若人们的爱情如微弱火苗，那么风越吹，火就会越小，火光就会熄灭、消失。

当然，距离要把握好火候，火大了就烫到了，火小了就没有任何的效果，那又何必拉开距离？把握好彼此之间的距离，对于双方的感情都是一个促进。

巧妙地跟恋人说"不"

有这样一对恋人，小伙子是档案员，姑娘是一家公司的职员。姑娘长得美丽大方，小伙子对她频频追求。平时，小伙子对女友提出的一些要求，都是百依百顺，因此，颇得女友欢心。

一天，女友跟小伙子说，她的一个堂叔曾有过违纪行为，在档案里有记载，她要求小伙子把档案中的处分记录偷偷拿出来。面对女友的这一非分要求，平时百依百顺的小伙踌躇了。因为，档案管理人员这样做是违法的，小伙子不是不知道其中的分寸。小伙子考虑良久，终于向女友挑明利害关系，婉言拒绝了。这下，女友生气了，一连两个月对小伙子不理不睬。然而，小伙子一如既往地去找她，照样追求她。最终女友被感动了。她想，男友平时对自己百依百顺，而在大是大非面前却坚持原则，不做违法的事，说明他是个有头脑的人，再则，自己生气后不理他，他始终如一地追求自己，又说明他是个很重感情的人。自此，姑娘非但没跟男友分手，反而更爱他了。

为了增进感情，小伙子投女友之所好是必要的，但是，在道德、法律面前，如果不讲原则，对女友提出的某些非分要求一味投其所好却是危险的。而坚持正确的法制观、道德观、人生观来处理恋人提出的某些非分要求，才是正确的处理方式。

恋爱中，恋人的意见并不能都接受，所说的话也不能都言听计从。但拒绝一定要有策略，要懂得说"不"的技巧。

含糊其辞在恋爱中意义非凡。比如，你的女友希望你给她买件衣服，于是暗示你："瞧，人家的衣服多漂亮，是男友送的。"但你觉得本季她的衣服已经够多了，说"不"，女友会觉得你很小气，怎么拒绝呢？你可以这么说："的确美，不过我赞

一本书掌握社交心理

赏苏格拉底的一句话，'女性的纯正饰物是美德，不是服装'。"话的表面并未拒绝，但对方绝不会认为你是同意了，问题在不了了之中解决，谁也不会感到难为情。像这种恋人的要求，你不赞同也不接受，在你的拒绝中不能有否定词，但对方能辨出弦外之音，彼此都不会觉得难堪。

通过开玩笑的方式来否定，既可以达到目的，又不至于使双方尴尬，这是一种很好的否定技巧。比如，你男朋友邀请你"上门"拜见他的父母，但你觉得时机尚未成熟，不可盲目造访，这时你可以问："有什么好吃的吗？"你的男友会列出几样东西来，于是你可接着说："没好吃的，我可不去。"这是巧妙的玩笑，不仅拒绝了对方的请求，还可避免回答"为什么不去"，真可谓一箭双雕。

因此，与恋人交往一定要把握好交往的"度"，还要把握好自己的原则，如果自己没有了主见，时时处处都听从恋人的指挥和安排，可能会酿成大错，时间长了还会让恋人对你产生"你是个没主见的人"的这种心理，因此，恋爱时一定要懂得一些拒绝的技巧和心理战术，既不做错事又能让恋人更加喜欢你。

不要总是针锋相对

李瑞和她的女朋友沙沙是在一个朋友聚会上认识的。聚会 155

上他们两人很谈得来，聊天过程中发现彼此有很多相似的地方。比如说，两个人都是狮子座，都是开朗活泼、争强好胜的个性。正因为有这些相似的地方，他们对彼此的好感迅速增加，好像是找到了知音一样。

现在他们已经是恋人了，但却不知道为什么经常吵架。每当他们意见不同的时候，两人就会争吵不休，而且一吵起来，谁也不愿意认输，总是针锋相对。

有一次，两个人决定一起去旅游，结果在选择酒店时发生了争执。他们各持己见，谁也不愿意让步，都想要对方听从自己的选择。到最后不仅旅游计划"破产"了，两个人还因此冷战了好几天。

这种状况让李瑞感觉很累，虽然他不知道沙沙是不是也有这样的感觉。但他自己真不知道这份感情究竟能维持到什么时候。

两个性格相似的人在一起虽好，但是过于争强好胜，反而会出现谁也不愿意让步的状况。就像李瑞和沙沙一样，两个人有了矛盾谁不愿意服输，都想要对方服从自己的选择，都是主导型人格，这种共同的个性导致两个人在争执时容易针锋相对。

假如，两个人中能有一个人主动退让一步，那么彼此之间的关系也就不会一步步恶化，并出现针锋相对的局面。因此，在与自己的爱人相处的时候，一定要懂得退让和包容，不要总是针锋相对。只有这样，两个人的感情才能更加牢固和长久。

用甜言蜜语感动对方

美国著名作家马克·吐温不仅喜欢写作，他还是一位懂得浪漫的人。

他在日常生活中经常会给妻子带来惊喜，比如，他会将写有"我爱你"、"我非常喜欢你"的小纸条压在花瓶下面，每当妻子看到后总是会非常高兴。这种习惯伴随他们生活了一辈子，从没间断。

爱情是美好而甜蜜的，但并不是一帆风顺的。要知道，生活中没有十全十美的爱情。因此，在交往的过程中，由于双方的性格不同和对一些事物理解上的偏差，往往会产生摩擦，这是很正常的。适当的时候来点儿甜言蜜语的情话，是任何时候都会不令人厌烦的。当你的恋人脸上出现"阴云"时，你可以用甜言蜜语让对方"多云转晴"。

一般情况下，恋爱中的女孩心思都非常敏感，常常会因男友无意中的一句话而胡思乱想，甚至产生误解，这会直接影响双方的感情。面对女孩因敏感而产生的误解，男友应该向她做出有理有据的解释，必要时当然要说一些甜言蜜语，从而使对方的误会消除。

　　有一些人认为，只要付出了自己的真心，就能获得一份真爱的回报。当然，这是获取真爱的重要条件，但是维系感情的策略也非常的重要。它能增添爱情的乐趣，也能缓解双方的压力，还会让彼此的感情更深更浓。

第九章

用心经营，保持良好友情的心理奥秘

朋友在你的生命中发挥着很大的作用。那么，如何交到良师益友，如何保持良好的友情，这在社会交际中是非常重要的一部分。友情需要我们悉心呵护、用心经营，还要多多保持联系，不断进行心灵的沟通，当然更重要的是要真诚相待。

亲兄弟也要明算账

　　徐明跟范林是铁哥们儿，但不久俩人闹翻了，究其原因，是他们俩的关系"太铁"了。

　　徐明和范林两个从初中到大学都是好朋友，刚毕业时两人就在一起合租房子，那时候他们好得像一个人似的，每次发了工资都随手放在客厅的柜子里，根本不分你的还是我的，谁想用就自己去拿，两人戏称这种情况是"小共产主义"。

　　后来由于工作调动，两人的单位离得比较远，各自租住了房子。虽然不在一起住了，但是只要一方需要钱时，另一方就主动送过去，从来也不记账。年初的时候，徐明交了一个女朋友，花费自然就大了起来，经常向范林借钱，范林渐渐地有点不高兴了，有一次徐明又找范林借钱，被范林拒绝了。徐明为此很生气，他跟别人说："这么多年了，这小子不知道花了我多少钱，一起吃喝都是我付账，没想到他翻脸就不认人了！"范林也很生气："他花了我那么多钱！上次他妈妈住院，不是我送去了五千吗？刚毕业时我挣得比他多一倍，那些钱都让谁花了？"于是两人大吵了一架，从此谁也不理谁了。

所谓朋友，不但在政治上有共同的理想，在事业上有共同的追求，在生活中有基本一致的趣味，而且在遇到困难时也应该互相帮助。朋友之间，礼尚往来，互赠一些物品，或者在适当的时候一起吃饭喝酒等也是情理之中的事。但是，如果有人认为"因为是好朋友，在经济上就可以不分你我"，那就错了。就像故事中的徐明和范林一样，起初两个人的钱都放在一起，觉得没什么不好，但时间久了总会产生矛盾。

　　俗话说得好，"交义不交财，交财两不来，要想朋友好，银钱少打扰"。把友谊建立在金钱的基础上，就好比把大楼盖在沙滩上，这种友谊是不牢靠的，也可以说，这样的友谊不是真友谊。如果在朋友交往中，在经济上长期不分你我，有饭大家吃，有钱大家花，那么，必然带来许多不良的后果。

　　朋友之间，如何正确对待和处理经济上的关系呢？应该肯定的是，朋友之间提供经济上的帮助是值得赞许的。但这只是事情的一个方面，另一个方面，应该明白，帮助从来都是互相的，即使被帮助的一方无力对等地给朋友以相应的帮助，但也要心中有数，记住"来而不往非礼也"的古训，当有机会对朋友的帮助进行报答时，一定要及时，使这种物质上的来往大体保持平衡。这也叫人际交往中的心理平衡法则。

　　当朋友之间已经或正在产生较大的经济利益关系时，则不要忘记"好朋友还须明算账"的道理，采取适当的方法，尊重对方的权益，商妥处理相互经济利益关系的原则和方法，把权利、义务关系弄清楚。这样做，看来无情，实则有义，可以避免许多无益而有害的纠纷，使友谊更加牢固。

总之，朋友之间有正常的经济上的往来是在所难免的，但一定要讲原则。如果金钱成了朋友之间"吐不出来又咽不下去"的"难言之隐"时，那么友谊则面临着严峻的考验。"交义不交财"，莫让金钱把友情伤害！

不要过分依赖朋友

卡罗琳是一位有着三个孩子的单身母亲，她有这样一个女"主人"式的朋友：那是在她刚刚搬进一个新的居民区时，卡罗琳急于找朋友，这时，莉拉进入了她的生活，像只母鸡似的把卡罗琳呵护在翅膀下。不久后，卡罗琳发现，莉拉是个能力很强的女性，她是社会团体的总裁，整个社团是由她的朋友和她们的丈夫组成的。

"起初我挺喜欢她，"卡罗琳说，"我是她的好友，她要我干啥，我就干啥。有时我感到似乎受她的压制，但我不知该怎么办，因为我的确喜欢她，希望与她保持朋友关系。但我逐渐不喜欢什么都要听从她的安排。"

卡罗琳意识到，如果她真想与莉拉或其他人交朋友的话，她应该学会与朋友平等相处，有往有来，互相帮助。也就是说要弄清自己必须干什么，并把它付诸实施。

如果你想对朋友说"你应该"、"你不应该"、"你最好"、"你必须"等话语，那么你无疑是想控制朋友的生活，这种做法，会使朋友感到很不愉快，有压迫感。

如果你是被控制者，不要认为有人为你操心一切是再好不过的了。控制你的朋友不是知心的朋友，一旦你把自己从他的"统治"下解放出来，就会出现奇迹，你和朋友就会变得平等。

过分依赖别人，只会使自己变得懒惰，懒于行动、懒于思考，最后也会使你的朋友对你产生厌烦心理，你会为此付出惨重的代价。

过分的依赖会损害你和朋友的关系，而且是双方的。朋友并非父母，他们没有责任来指导和保护你，他们可以给你支持，但不可能包办代替，你必须清楚，做任何事关键还是要靠自己。

如果你事事游移不定，老是向朋友询问，就会使你变得没有主见，优柔寡断。所以，你应该摆脱对朋友的依赖。

有的人恰恰相反，他们盛气凌人，在与朋友的交往中，总喜欢指手画脚，不管朋友的想法如何都要求朋友按照自己的意愿去做。这种做法无疑为友谊的发展设置了障碍。

晴天留人情，雨天好借伞

达尔的父亲有一家衣帽店，因为他为人热情，而且店里的东西物美价廉，所以他的生意做得很红火。在一个下雨天的晚上，在衣帽店即将打烊的时候，门外走来了一位面黄肌瘦、衣衫褴褛的年轻人，看他的样子好像是已经饿了好几天了。虽然达尔的父亲不在，但是深受父亲行为熏陶的达尔并没有做出不礼貌的举动，而是热情地将年轻人迎进屋里，询问有什么可以帮助他的地方。

年轻人显得有些腼腆，说自己来自加拿大，这次到这边来是想寻找一个好出路，不料盘缠用完了也没有实现自己的梦想，只能沦落街头。他还告诉达尔，自己的父亲两年前也来过这家店，还购买了一项帽子，说着就把头上的帽子递了过来。他说的没错，事情确实是这样的，虽然帽子上的标志有些破损了，但是由于做工精细，还是能够辨认得出来的。

这个时候，达尔不免有些犹豫，他在想自己到底要不要帮助这个陌生的年轻人，毕竟他只是一位顾客的儿子。不过再三考虑之后，达尔还是决定帮助这个落难的年轻人。他为年轻人准备了丰盛的晚餐，还给了他足够回家的路费。达尔的父亲得

一本书掌握社交心理

164

知自己儿子的做法之后，觉得非常欣慰。

父亲去世之后，达尔接管了这家衣帽店。十几年过去了，达尔的生意越来越好，在美国许多地方都开了分店，这个时候，他决定向国外发展。然而这事说起来容易，做起来却很难，为此达尔一直很伤脑筋。

就在这个时候，达尔收到了一封来自加拿大的信，给他写信的正是当年那位曾经接受过他帮助的年轻人。现在那个年轻人已经是加拿大一家大公司的总经理了。他在信中感谢了达尔在他困难时期的大力帮助，并且诚邀达尔共同创业。这个消息让达尔喜出望外，他赶紧回了一封信，表示愿意合作。不久，在对方的帮助下，达尔很快就在加拿大成立了国外第一家分店。

要知道，对于一个身陷困境的穷人，一枚铜板的帮助可能会使他解决极度的饥饿和困苦，或许还能干出一番事业，闯出自己广阔的天地；对于一个执迷不悟的浪子，一次促膝交心的帮助可能会使他重新建立做人的尊严和信心，或许还能在悬崖勒马之后奔驰于希望的原野上，成为一名真正的勇士。

其实，人在旅途，既需要别人的帮助，又需要帮助别人。从这个意义上说，帮人就是积德行善。也许没有比帮助这一善举更能体现一个人宽广的胸怀和慷慨的气度的了。不要小看对一个失意的人说一句暖心的话；对一个将要跌倒的人轻轻扶一把；对一个无望的人赋予一次真挚的信任，也许自己什么都没失去，而对一个需要帮助的人来说，这些就是鼓励、支持、宽慰。相反，不肯帮助别人，总是看重自己的得失，这样的人目

第九章 用心经营，保持良好友情的心理奥秘

光中不免闪烁着麻木的神色，心中也会不时地泛起一些阴暗的沉渣。

俗话说"在家靠父母，出门靠朋友"，多一个朋友多一条路，人情就是财富。人际关系中一个最基本的目的就是结交朋友。求人帮忙是被动的，可如果别人欠了你的人情，求别人办事自然会容易些，有时甚至不用自己开口。做人做得如此风光，大多与善于结交朋友、乐善好施有关。施恩是人际关系学中最基本的策略和方法，是建立人脉网络的一个重要组成部分。

遵循交换对等定律

有位男士很优秀，可他的妻子无论从哪方面看都很平凡，两人的条件相差很多，但他们一直不离不弃。尽管从表面上看，妻子和丈夫一点都不般配，可是人们都可以体会到丈夫对妻子的爱。后来，人们了解到两个人的过去，才知道了他们幸福的原因。

原来妻子与丈夫曾经患难与共，不仅如此，她一直悉心呵护丈夫，这种理解和呵护是丈夫在其他女人那里根本得不到的。他的妻子还特别善于持家，承担着照顾孩子、赡养父母的责任和义务，在安排衣食住行等方面给了丈夫不可或缺的安全感。

这些特殊的要素是外人一时难以了解也不容易看清的。事实上，两个人的稳定关系就来自于这种特殊的对等。

关于对等定律，婚姻如此，人际交往更是如此。

身为一个普通人，如果想与一个特别成功的人交朋友，论条件可能比不上他，但是，假如能找到他的特殊需要，发挥对他的特殊作用，然后超值发挥，可能会取得成功。

社会心理学中有这样一句话："我们喜欢那些同样喜欢我们的人。"人们在选择人际交往对象时，那些喜欢自己的人一般都会成为首要考虑的人选。其实，这是人际吸引过程中的一种常见效应：交换对等定律。

一般来说，人们彼此间的交往都需要遵循对等定律。在当今这个时代，人们彼此间的交往大体上是一种对等的结合。事实证明，对等的交往才会有稳定的基础，不对等的交往就会有不平衡的因素。所以，人们一般都在满足"对等"的范围内选择交往的对象。

如果一个人其他条件一般，但相貌特别出众，也可能被评出高分。用经济学的术语来讲，美貌是一种稀缺资源，它不像学历、能力可以通过后天努力获得，相貌是先天的。这种先天的优势往往能够弥补一些后天的缺失。就好像做房地产生意，好地段是稀缺资源，边远地区的房子盖得再好，可能都不及好地段卖得好。在交往过程中，这种先天的优势就可以在一定程度上与文化、学历、身份等产生对等价值，因而有优势，彼此的交往就可能会更顺利。

相反，如果先天条件不足，人们也可以通过后天的努力提升自己以达到对等定律的要求，结交到理想中的朋友。

尽管在人际吸引过程中对等律普遍存在，但是也有特殊对等的现象。有些人能够超值发挥，获得长久而稳定的人际关系，就好像在体育运动中，运动员并不一定要擅长所有的体育项目，如果一个人所具备的特质属于稀缺资源，那么只需要一条就足够吸引他人了。

学会倾听朋友的牢骚

美国芝加哥郊外有一家非常有名的电话交换机制造工厂，这家工厂出名的原因并非因为技术多么先进，而是因为一系列的心理学实验。这家工厂就是霍桑工厂，而那些实验的结论则被命名为"霍桑效应"，并被写入了心理学著作中。

在这些实验中，有一项访谈实验，而该实验的目的是为了探求工厂生产状况不佳的原因。霍桑工厂虽有优越的工作条件和完善的福利保障，但奇怪的是员工们仍然愤愤不平，以至于工厂的生产状况一再恶化。为探求原因，1924 年 11 月，美国国家研究委员会在该厂进行了"谈话实验"。

专家们用了两年多的时间，找工人个别谈话达到两万余次，并对被访谈者的言谈做了详细记录。所有的专家在谈话过程中都很耐心地倾听工人们对厂方的各种意见和不满，每一个访谈者都被要求不准反驳和训斥受访者的阐述。尽管所有的受访者都发表了所谓的意见，但是旁观者一眼就可以看出其实那些记录上大部分都是些"牢骚"。

然而没想到的是，"谈话"之后，霍桑工厂的产量一升再升。

这种奇妙的现象让社会心理学家倍感兴趣，经过研究发现，"谈话实验"让工人觉得自己被重视，得到一种"发泄的满足"，从而感到心情舒畅、干劲倍增。

谈话可以使人精神愉悦、提高干劲，对很多人来说，也许会认为这不可思议，但是事实证明这是一个正确的结论。如果你是团体中的一名成员，那么不妨采取谈话的方式营造良好的合作关系。

人们在不满的情况下发出的牢骚虽然流露于非正式场合，甚至其中有些言语较为刺耳，但作为朋友关系中的一方，你有义务去倾听。如果你无视对方的抱怨，依然我行我素，采取不予理会的态度，那么对方的小牢骚就可能成为严重的不满，最终导致朋友关系的破灭。

善待对方的"牢骚"不仅能促进彼此的关系，提高你的影响力，减少工作中的失误，而且更有利于整个团体关系的健康发展。很多人以为"霍桑效应"只不过是领导者用来获取利益的一种手段，事实上这只是表面现象，其真正的作用在于，它能充分重视对方的心理需求，填补其心理需求的空缺。最大的好处在于，此法能够得到人们的一致称赞。

提升自己在朋友心目中的形象，首先在于提升对方的心理满足感，而提升对方心理满足感的重要方法之一就是鼓励朋友说出自己的不满。事实上，激励朋友，并不是一味地在旁边为对方打气和加油，一些"毫不起眼"的尊重和欣赏行为往往能够起到更好的效果，鼓励对方说出不满，认真听取对方发牢骚就是一个重要的方法。

要尊重朋友的隐私

张伟至今还在为三年前的行为懊悔。那时他有一个十分要好的朋友宋明。两人性格迥异，张伟开朗、好动，宋明细心、沉稳，正是两人不同的个性才吸引了对方。生活中的他们犹如球场上一对配合默契的双打选手，互相弥补着对方的不足。在公司里，他们业绩显著，令人羡慕不已。

一个烟雨蒙蒙的日子，张伟带着女友逛商场购物，路过宋明的住所，顺便去看看老朋友。打开宋明的房门，里面整洁有序，而人却不在，他和女友一起坐下来等，手脚从不老实的他在朋友家更是闲不住，为了显示和朋友的关系铁，他乱翻了一通儿。女友一再劝阻，他毫不介意，突然他从抽屉里面摸出了一个精致的笔记本，翻开一看，里面夹着一张剪下的报纸，其中记录着一个女青年跳河自杀的新闻。那女青年的名字被两块血迹掩盖，报纸的最下面是宋明的一行笔迹："没有你，我就没有了一切，今生我再也不会感到幸福！"张伟大吃一惊，难道那女青年是宋明的前女友？此时，宋明抱着一摞书推门而入，当他看到张伟手中拿着笔记本时，宋明立即扔下手中的书，将笔记本夺了过来，他愤怒地大喊："滚！离开这儿！"张伟觉得当着女友的面，宋明做得太过分，一气之下离开了。走出很远，还听见宋明在大声地喊叫。

那天之后，宋明再也没有到公司上班，张伟认为宋明的气量太小，过了很长时间张伟才登门去道歉，但遇到的只是宋明的远房亲戚，张伟这时才得知宋明已去了南方。张伟非常难过，他知道，那张报纸、那两块血迹、那一字一句包含着一个令人心痛的故事，它在好友宋明的心中已沉淀为一个秘密——一个只有宋明才能拥有的秘密。

每个人都会有自己的隐私，不管你们是多么要好的朋友，千万不能随便去打探对方的隐私。张伟之所以失去了宋明这个最好的朋友，就因为他偷窥了宋明的隐私，触碰了别人不愿分享的秘密。

每个人心里可能都藏着一些属于自己的秘密，或者不愿意告诉别人，或者只想与自己最好的朋友诉说。所以，千万不要去打探朋友的隐私，但如果他愿意告诉你，那你一定要守口如瓶。

朋友把自己的隐私告诉了你，证明了他对你的极度信任。对此你只有为他分忧解愁的义务，而没有把这种隐私张扬出去的权力。如果不把"保密"作为一种义务、一种责任，却热衷于传播流言蜚语，把朋友的悄悄话公之于众，不仅会使你失去朋友，还会失去周围同事对你的信赖，最终成为孤家寡人。

朋友对你保守秘密并不是对你的不信任，而是对自己负责，所以你不应强行追问，更不能以你们关系好为由而去偷窥或打听朋友的隐私。擅自偷窥或公开朋友的秘密，是交友的大忌。

沟通是保持友情的桥梁

刘备在读私塾时，由于人讲义气、又聪明，因此与同学们的关系处得非常好。后来大家都长大了，也都知道自己各有各的道路要走，刘备也与昔日的好同学、好玩伴各奔东西了。

虽然说大家彼此都分开了，但是刘备却很注重经常与同学保持联系。其中有一位叫石全的人，是刘备读书时比较要好的同学。石全读完书后，便回家继续供奉老母亲，以尽儿子的孝道，石全为了维持母亲和他的生计不得不靠打柴和卖字画为生。

而刘备不嫌昔日同窗的清贫，经常邀请石全到他家做客，共同探讨当时天下形势。像这样融洽的聚会一直保持了若干年，这也使得刘备与石全的友谊不断地加深，两人情同手足。

后来，刘备为了实现自己心中的宏伟目标，带领一支队伍参加了镇压东汉末年的农民运动。初时，刘备的军事力量不足，不得不依附其他人，在一次交战中，寡不敌众，刘备所带的军队被全部歼灭，他自己也受了重伤，后来被石全救助并把他藏了起来，才躲过了敌人的追杀，由此逃过了一劫。

刘备正是由于经常与好友保持联系，且在友人清贫之时从不嫌弃对方，还帮助过对方，从而使两人的关系一直都很好。正因为如此，刘备才会在自己受重伤时得到了对方的帮助，他们的友情也随之升温不少。

在人际交往中，要想拥有良好的朋友关系，一定要多保持联系。中国有句古语"亲戚在于走动，朋友在于沟通"，就很好地说明了保持良好的人际关系的方法。从心理学的角度讲，多加联系就是让朋友更多地了解你的生活状况，从而拉近朋友之间的心理距离，增进了彼此的感情。因此，在与朋友交往中，要想获得知心的朋友，就要更多地跟朋友保持联系，友情会在不断沟通和交流中变得更加深厚。

朋友之间从相识、相知到相处都需要悉心的呵护，其中相处是持续时间最长、最需要用心经营的阶段。朋友之间的相处，实际上是心灵之间不同形式的交流和碰撞，这种心灵之间的交流与碰撞是最需要智慧和技巧的。不论是什么样的智慧和技巧，最基本的原则就是朋友之间要始终保持联系和沟通。没有了联系，深厚的友谊可能变得越来越淡；没有了联系，两颗心灵之间可能会彼此疏远；没有了联系，曾经无话不谈的朋友可能变得形同陌路。因此，保持联系能够使友谊之树常青，能够使你的人脉无限广阔。

要时刻记得兑现诺言

春秋五霸之一的晋文公带领军队攻打原国，事先与官兵约定三天结束战争。到了第三天，原国还没有被攻下来，晋文公就命令撤退回国。

这时，晋国的间谍回来报告说："原国人支撑不住，就要投降了。"晋国有的将领主张暂缓撤兵，但晋文公却坚持认为与其得到一个原国而失信，还不如不要它，因此坚决撤回了围攻的军队。

晋文公虽然放弃了到手的胜利，却树立了自己讲诚信的形象，得到了下属的敬重。

一个人只有讲信用，才能得到支持，并有所作为。大多数人都喜欢和一个讲信用的人交往，大到言出必践，小到守时守信，都能够看出一个人的品格和素养。

在现实生活中，人与人之间的交往要做到言出必践。只有言行一致，拿出"一言既出，驷马难追"的气概，才能让别人信服。另外，遵守约定也是取信于他人的必备条件。在社会交往中我们不可避免地要与他人订立一些口头的协议，或订下某些规则。行动中只有认真执行，才能取得对方的信任。

中国人历来把守信作为为人处世、齐家治国的基本品质，主张"言必行，行必果"的观点。西汉著名政治家、文学家贾谊说："治天下，以信为之也。"治国也好，持家也好，经商也好，交友也好，都需要讲信用。

"轻诺必寡信，多易必多难。"一个人如果经常失信，一方面会破坏他本人的形象，另一方面还将影响他本人的事业和生活。许诺是非常严肃的事情，对不应办的事情或办不到的事，千万不能轻率应允。一旦许诺，就要千方百计去兑现自己的诺言，以获得别人的信任。

人际交往中，诚信是最高明的处世之道，也是有效的成功因素之一。人无信不立，不做言过其实的许诺，不做言而无信、背信弃义的事情。这样的人才是有魅力的人、靠得住的人。所以，纵使万般艰难，也须言行如一、表里如一，决不可背信弃义。

人际交往中，信用的能量是巨大的，一个讲信用的人会让对方从心理上产生安全感，愿意与之深交。如果说讲信用是一种做人的美德，那么，拥有这种美德的人会成为社交中的耀眼明星。

及时巧妙地弥补友谊的裂缝

1863 年，恩格斯的妻子去世了，恩格斯非常伤心，他将妻子去世的消息告诉马克思。两天之后，他收到了马克思的回信。信的开头是这样写的："关于玛丽的去世，我感到很意外，同时也感到很震惊。"接着便笔锋一转，开始诉说起自己目前陷入的困境，而对恩格斯应该说的安慰话却一句也没有提。恩格斯看完信后自然很生气，他给马克思回了一封信，信中对马克思的态度表示了不满。

马克思见信后深感他们 20 年的友谊出现了裂痕。他意识到自己写的那封信没有顾及朋友的感情，便给恩格斯写信承认了自己的错误，表明了自己的心情。马克思的坦率和真诚，使他和恩格斯友谊的裂缝弥合了。恩格斯在接到马克思的来信后，非常诚恳地回了信，并告诉马克思，他的这一封信已把前一封信留下的印迹清除了。

马克思在意识到与恩格斯的友谊出现裂缝后，及时回信解释，清除了恩格斯心中的不满情绪，使得他们重归于好。试想，如果当时马克思不回那封信，那么，他们之间的友谊可能会因此终结。

在与朋友交往的过程中，有一些矛盾、摩擦是难免的。有了这些摩擦不要紧，要紧的是应以真诚的态度及时修补这些摩擦带来的裂缝，将出现在双方之间的不愉快清除掉，这样友谊之树才能常青。

友谊对人来说是很珍贵的，但是，很多人可能会由于某种误会、疏忽或者别的什么原因，与本来建立了深厚友谊的朋友闹了矛盾。这种矛盾的结局往往就是双方从此分道扬镳，老死不相往来，误会越来越深，距离越来越远。当朋友之间由于某种误会或者摩擦出现情感上的裂缝时，一定要及时弥补，主动道歉，这样才能使你们之间的友谊长存。

交朋友不能认死理

倪瓒是元代著名画家、诗人，据说他是一个认死理的人。倪瓒很会品茶，他有一种茶叫作"清泉白石"，非常珍贵，如果不是佳客他绝对不会请其品尝。有一位客人先后要求拜会他已有一个月了，倪瓒见他用意诚恳，于是同意与他见面。结果倪瓒见这位来客文雅潇洒，谈吐不凡，对他很欣赏。于是命下人奉上"清泉白石"待客，客人当时正好口渴，便端起茶杯一饮而尽，倪瓒见状立刻放下茶杯，拂袖而去，自此不再出来陪客。这位客人感到莫名其妙，便向倪瓒的家人询问原因，倪瓒派人传话给他："遇'清泉白石'不徐徐赏味，定非雅士。"客人听了哭笑不得，尴尬离去。正因为倪瓒的这种性格，他的朋友非常少。

交友太认死理，你难为的是朋友，吃亏的是自己，何苦呢？倒不如放宽心胸，豁达宽容些，可能会得到朋友的真心回报。

古语说得好："水至清则无鱼，人至察则无徒。"现实生活中许多事情都坏在"较真儿"上。有些人对别人要求得过于严格以至近于苛刻，他们希望自己所处的社会一尘不染，事事随心，不允许有任何一件小事不符合自己的设想，否则，他们便怒气冲天，怨天尤人，哪怕对再亲密的朋友也势不两立。这样不仅连一个朋友都留不下，还会给自己带来不必要的麻烦。

虽然说交友不应讲死理，但这个死理并不是说让你随波逐流、不讲原则，而是说与朋友相处不要斤斤计较、得理不饶人或事事挑剔。人非圣贤，总有这样或那样的毛病和缺陷，聪明的人往往可以容人所不能容，忍人所不能忍，求大同存小异，因此也自然可以得到更多人的喜欢和青睐。

如果我们明确了哪些事情可以不较真儿，可以大而化小，我们就能腾出时间和精力，全力以赴认真地去做该做的事情，我们成功的机会和希望就会大大增加。与此同时，由于我们变得宽宏大量，人们就会乐于同我们交往，我们的朋友就会越来越多。事业的成功伴随着社交的成功，岂非人生一大幸事？

与异性相处的智慧法则

王女士已婚，在一家贸易公司从事销售工作，经常会因业务需要收到来自异性的邀请，她一般会坦然接受，并通知丈夫到时候接她，其丈夫也表示理解，夫妻关系和谐，值得称赞。

张女士，性格活泼、开朗，经常和异性朋友一起参加一些郊游活动，有时候她的丈夫也一起去，有时候则是她自己去。她认为，和优秀的异性朋友交流可以开阔自己的眼界，拓宽自己的知识面。两人对彼此的朋友都十分熟悉，相互坦诚、尊重是他们的遵守的一条原则。夫妻关系稳定，值得学习。

西方心理学家对人的异性度研究结果表明，如果男性对女性的认识度高，就更富有创造力；如果女性对男性的认识度高，那么智商就高。

一个常与异性交往的人，会经常受到异性思维的启发，在异性身上学到自身可能缺乏的东西。日常生活中，我们常常发现大多数人结婚后会比婚前成熟。那是因为结婚意味着与异性有了一种亲密的关系，在彼此朝夕相处中，随着了解的深入，无意之中会受到对方的影响，从而使自己的思路得以开阔、宽容度得以提高，同时也学会了突破自我，变得丰富起来。

婚后，认为异性之间只有爱情、没有友谊的观点是错误的。异性之间提倡进步、发展和无伤害的交友原则，努力做到男女交往不伤害公众的情绪，不伤害他人家庭，不伤害身心健康，不触及隐私权，不应把自己的幸福建筑在别人的痛苦之上。

与异性交往要把握好尺度。异性朋友之间，不能过于亲昵。因为不但要考虑婚姻中另一方的感受，也要尊重夫妻间的感情，夫妻间的信任和理解是最宝贵的，不可以破坏。

随着物质生活的丰富，社会交往的增多，人们对精神需求增大了，男女之间的交往越来越多，把握好男女交往的度，充分发挥异性朋友的正面效应，提倡男女交往的宽松和宽容，是未来人际关系发展的一个新气象。

谨记"女士优先"原则

张晨非常喜欢法国，希望能在大三以后去法国留学，他的亲戚正好认识一对善良的法国夫妇——朗弗先生和夫人，亲戚就把这对夫妇介绍给张晨认识，希望对他的留学计划有所帮助。几人约在某餐厅见面，但这次见面却很不顺利：这对夫妇，尤其是朗弗夫人对张晨的印象糟透了：一见面，张晨就忙着跟朗弗先生握手，并把准备好的礼物送给了朗弗先生，把朗弗夫人冷落在一旁。吃饭的时候，张晨也只顾给朗弗先生夹菜，完全没有照顾到朗弗夫人的需要。最糟的是出门的时候，他居然并肩和朗弗先生走到门口，最后把朗弗先生送了出去，最后才是夫人，弄得朗弗先生也十分尴尬。朗弗夫人直接告诉张晨的亲戚，她认为张晨是个非常不懂礼貌的年轻人，最好先学学礼仪再出国。

男性在与女性交往过程中，一定要谨记"女士优先"这一原则。故事中的张晨只顾得照顾朗弗先生，将其夫人冷落一旁，他的做法显然很不对。在西方社会中，女人一向备受礼遇，不管是女性主管、女同事或家庭主妇，男人一样表示尊重。

一位男士在与女士相处时，如果不注意礼貌是无法受人欢迎的。张晨就是因为违反了"女士优先"这条原则，惹怒了朗弗夫妇，使出国计划泡了汤。生活中很多男士也会犯张晨这种错误，男性朋友们应该常常这样想：男人照顾女人，女人接受男人的服务，这是天经地义的事。"能者多劳"，男人的身体比女人强壮，力气比女人大，动作也多比女人敏捷，借着这个先天的优势去帮助女人，减轻女性的负担，是男士应有的风度和器量。

"女士优先"原则的核心精神是要求男士在任何时候、任何情况下，都要在行动上从各个方面尊重女性、照顾女性、帮助女性、保护女性。社会似乎公认女性享有"优先"的特权，谁不遵守这一规则就会被看作失礼。

181

在日常生活中，例如，乘车时，让女士先上车；陪同女士到某处去，抢先一步为她开门；进入室内后，为她脱外套、拉座椅，此外，当你想抽烟时，除征询她的同意外，应先向她敬烟、点烟。这些动作绝非装腔作势、故意卖弄，实在是必要的礼貌，不过做时态度要自然大方，才不会弄巧成拙。

搭乘火车或其他交通工具时，如果遇见女性携带行李或较重包裹，也应代为取放，因为女人力气较小，提取不方便，男人体魄健壮，轻而易举之事，何不效劳？

陪同女子上街时，则应走在道路外缘保护她，或帮她提较重的物品。

日常有女性需要帮忙时，也应热诚而主动地为她效劳。不过服务宜适中，切忌热心过度。比方说，你可以代提行李，却不必替她拿帽盒、手提袋、遮阳伞和花花绿绿的包装物。陪女子遛狗，可以帮她拉系狗的皮带，但要是抱在怀中的小型宠物，就大可不必代劳了。

第十章
保持距离，与小人交往的心理奥秘

　　天下之大，小人无处不在。在人际交往中，小人难防、小人难料，因此，要学会如何跟小人打交道的心理奥秘是非常重要的。跟小人打交道，不能太近，不然会被人看扁；也不能太远，不然有可能会遭到小人的暗算，须注意把握好与小人交往的尺度。

与小人保持一定的距离

刚到这家公司上班的时候，我感觉白胜这个人为人热情，于是开始与他走得很近，但没多久我发现，原来白胜是个小人。

中午和他一起出去吃饭，有时会遇到我们上司于总，与于总坐在一起的时候，他会毫不忌讳地谈论起别的同事。说小刘总是在上班时间与网友聊天；小董总是在上班时间照镜子，耽误工作；小夏下班走的时候没有主动关掉电源等，一股脑说出好几个同事的名字，并一一说出他们的不是。我这才看出，原来他是个喜欢在领导面前打别人的小报告的人。我想，这样的人还是离得远一点儿比较好。从此以后，我开始与他保持一定的距离。

过分地接近小人，对自己而言是冒险，如果冷落了他，势必遭小人忌恨。保持适当的距离才是对付小人的上策。

大体而言，小人就是做人做事不守正道，以不光明正大的手段来达到目的的人，所以他们喜欢造谣生事、挑拨离间、阿谀奉承、阳奉阴违、落井下石等。小人的造谣生事都另有目的，所以说谎和造谣是他们的生存本能。

那么，在人际交往中应该如何妥善处理和小人的关系呢？我们要做到的是，既要和小人保持适当的距离，又不能得罪他们，无论是在言语上，还是在利益上。因为小人一般都比较卑鄙，如果你为了"正义"去揭发他们，那只会害了自己。让有力量的人去处理吧！

　　所以，和小人保持距离就好了，不必疾恶如仇地和他们拼个你死我活，这样可能会伤到自己。

　　庄子说："君子之交淡如水，小人之交甘若醴。"是说君子之间的交情，之间无猜疑，心坦诚得像水一样清澈；小人之间的交往像甜酒一般地黏住对方，时间久了，关系就必然疏远。与小人相处，需要保持适当的距离，否则容易引火烧身。

以其人之道，还治其人之身

　　民国时期，在上海有家当铺，掌柜的是位年逾六旬的老人，他经营了四五十年，收徒不下百余人，同行中人都尊敬地称他"老前辈"。然而，这位老前辈谨慎一生，疏忽一时，在一次典当中受了骗。

　　一天午后，老前辈静坐于柜台后，这时来了一位客人，谨慎地取出一颗大似红枣，且精圆光润的东珠，要求典当，老前辈细看那珠,真乃千金珍品,遂邀请来人入内室商量质价。来人坚持索要500元,老前辈还以300元,双方不断讨价还价。最后,来人声称急用,请老前辈加到450元,另典当20颗小珠要老前辈再加50元,凑成500元,老前辈同意了。客人说道:"等我回店把小珠取来。"过不多时,那人果然手持一盒又来,把小盒递给老前辈,说道:"这盒里共50颗,请您细细选之。"老前辈全神贯注地在盒内精选小珍珠,然后取出钞票,交给对方,那人走后,老前辈遂将东珠重新审视一番,顿时大惊失色:原来所谓的东珠是赝品。老前辈努力回忆方才情景,断定骗子所持典当的珍珠是真的,后来利用自己挑选小珠的机会,以假珠换了真珠,手法异常巧妙,因而得手。

老前辈受了骗,心中怏怏不乐,更觉从此名声扫地。为了挽回名声和那笔钱款,他心生一计:"他用假货骗我,我也以假珠骗他。"想到这里,遂去谒见典东,自请辞职。

临行的前一日,老前辈忽然发了大批请帖,将典当同行和珠宝业的代表,共100余人,邀至某大餐馆设宴话别。席间,老前辈取出伪珠,道出原委,客人们接过珍珠相互传观,连连称赞。珍珠制造极精巧,虽然是假货,但很难分辨。老前辈起身,对众宾客道:"老夫一世英名断送于此,毕生积蓄赔了一半。这是我一时疏忽,咎由自取,不需怨天尤人。但是,那个骗子手握如此精巧的伪珠,更用种种骗术乘机以进,老夫恐怕众人上当受骗,所以在我辞职归家之前捣碎此珠,斩草除根,永绝后患,以解我心头之气!"言毕,手持铁锤,猛力一击,伪珠顿时粉碎,座客掌声四起,老前辈仰头哈哈大笑。随后宾主干杯，尽情畅饮。

第二天，老前辈佯装身体不舒服，暂缓动身。中午，忽来一人，将手中的当票交与店员，要求核算本利，店员接过一看，正是老前辈受骗的那笔生意的当票。心里不免一惊，昨日那颗伪珠已被当众砸碎，这可怎么办？想到这里，店员忙到内室找老前辈，惊叫道："老前辈，大事不好了，那人来赎东珠了！"老前辈听了，大喜道："他果然来了，我知道他一定会来！"当即取出原珠，让店员交还来人。那人端详了好一会儿，默默无言，赎回后转身离去。这时，店员很奇怪，昨日眼见此珠已被击碎，今日怎会完整如初？

原来，老前辈席间传观的是那人典当的原物，而后砸碎的则是预先准备好的另一颗假珠。在座诸人并没觉察到，但那骗子听到这个消息，贪心再起，故而持票取赎，本想借此大敲竹杠，哪里知道却中了老前辈的圈套。

"以其人之道，还治其人之身"的基点就是对对手的谋略有了充分的认识和了解，然后，针对对方的心理特征和思维模式，在对手的计上用计，从而使对手落入自己的圈套。"以其人之道，还治其人之身"是对付那些动机不良之人最有效的变通方法，它可以让对手自食其果。面对动机不良之人的咄咄逼人，既不需要选择默默吃亏，也不必大动肝火，只要懂得变通，巧妙应付，就可以在悄无声息中折服动机不良之人。

"以其人之道，还治其人之身"，就是将计就计，重新借用他人的计谋来惩治对方或是实现某种针对对方的主观意图的方法。"以其人之道，还治其人之身"的计谋不仅在军事、政治斗争中被广泛应用，在日常生活中，也是一条对付小人的重要应变之术。

不奉承，也不得罪小人

唐朝名将郭子仪，不仅在战场上能够轻松地指挥千军万马，而且在待人处世中，还是一个特别善于对付小人的处世高手。

郭子仪与小人打交道的秘诀，就是"宁得罪君子，不得罪小人"。"安史之乱"平定后，立下大功并且身居高位的郭子仪并不居功自傲，为防小人忌妒，他做事反而比原来更加小心谨慎。

有一次，郭子仪卧病在床，有个叫鲁费的官员前来拜访。此人乃是中国历史上声名狼藉的奸诈小人，相貌奇丑，天生一副铁青脸，脸形宽短，鼻子扁平，两个鼻孔朝天，眼睛小得出奇，世人都把他看成"活鬼"。正因为如此，一般妇女看到他这副尊容都不免掩口失笑。

郭子仪听到门人的报告，马上下令左右姬妾都退到后堂不要露面，他独自等待。鲁费走后，姬妾们又回到病榻前问郭子仪："许多官员都来探望您，您从来不让我们退避，为什么此人前来就让我们都躲起来呢？"

郭子仪微笑着说："你们有所不知，这个人相貌极为丑陋而内心又十分阴险。你们看到他万一忍不住失声发笑，那么他一定会记恨在心，如果此人将来掌权，我们的家族就要遭殃了。"

郭子仪对这个小人太了解了，在与他打交道时做到了小心谨慎。后来，这个鲁费当了宰相，极尽报复之能事，把所有以前得罪过他的人统统铲除，唯独对郭子仪比较尊重，没有动他一根毫毛。这件事充分反映了郭子仪对待小人的办法既周密又老练。

通过这个故事我们可以明白，不是所有的人都是高尚的，生活中也存在着一些鼠辈小人，他们有时为了自己的利益，不惜用各种手段来算计别人，令人防不胜防，所以我们要处处防范被小人算计。

有的人之所以受到小人的伤害，就是因为错把小人当君子，误把骗子当朋友。在现实生活中，尽管那些居心叵测的人善于伪装自己，但由于其邪恶的心理蠢蠢欲动，所以不论他伪装得多么巧妙，总会露出马脚。可以通过他的言谈举止及处理问题的具体方式等方面来观察他的人品。当发现你身边的人十分虚伪、奸诈时，你就必须采取适当的防范措施。在一般情况下，只要你认真观察，就会发现许多你在平时所不易觉察到的东西，并据此可以清楚地了解到你身边的人对你的真实态度，而不至于在危险即将来临时全然不知，甚至还把加害你的人当作亲密的朋友对待。

谁都不愿意与小人打交道，可不管你愿不愿意，遇到小人往往是难以避免的。在与小人打交道时，我们应该秉持的态度是不奉承，也不得罪。奉承小人，就会降低自己的人格，自己也会沦为小人，但是，也不要轻易得罪小人，因为他们得罪不起。所以，当你不得不与小人打交道时，就一定要小心谨慎。

对付小人要"以毒攻毒"

在某大城市的一户人家，有一位乡下来的小保姆，由于性格朴实、干活利索，给女主人的印象颇佳。但是，生性多疑的女主人还是担心这位乡下姑娘手脚"不干净"，于是在试用期的最后几天想出个办法来试一试她。

一天早晨，小保姆起床去做饭，在房门口捡到一元钱，她想这肯定是女主人掉下的，就随手放在了客厅的茶几上。谁知第二天早晨，小保姆又在房门口捡到了一张五元的钞票，这让她感到很奇怪。"莫非是在试探我吗？"小保姆心中产生了这样的疑问。但她很快打消了这个念头，因为女主人是位刚从科长位子上退休的体面人，怎么会做出这样侮辱人的事情呢？这样想着，她就把钱放在了茶几上。

到了晚上，小保姆正要睡下，突然她从卧室的窗户看到客厅中有个人影，她仔细一看，发现女主人正悄悄地走到茶几前把五元钱取走了。小保姆彻底惊呆了，怒火冲上心头：怎么可以这样小看人！她咬了咬嘴唇，下定了一个决心。

次日早晨，小保姆又在房门口发现了一张钞票，这次是十元。她笑了笑，把钱装进了自己的口袋。到了傍晚，她在女主人下楼去练气功之前把这十元钱悄悄地放在了楼梯上，准备也测试女主人一番。果不出小保姆所料，女主人之所以怀疑别人手脚不干净，正是因为她自己是一个自私而贪心的人，女主人在下楼时看见了那十元钱，当时就眼睛一亮，然后趁着左右没人把钱塞进了口袋里。这一幕，全都被暗中偷窥的小保姆看到了。

当晚，女主人就像科长找科员谈话一样找到了小保姆，严肃而又婉转地批评她为人不够诚实，如果能痛改前非，还是可以留用的。小保姆故作懵懂地问："你是不是说我捡了十元钱？""是呀！难道你不觉得自己有错吗？"小保姆摇了摇头："不，我不认为我做错了什么，因为我已经将那十元钱还给您了。"女主人一脸诧异："咦，你啥时啥地还给我的？"小保姆大声回答："今天傍晚，公共楼梯……"女主人一听到"楼梯"两个字，霎时像触了电一样浑身一颤，狼狈得一句话也说不出来了……

聪明的小保姆来了个"以毒攻毒"的方法，既为自己保留了尊严和面子，也揭穿了女主人虚伪的外表和小人的本性，可谓是"一石二鸟"、"一举两得"。

对付小人要讲究策略，不可硬碰硬。试想如果小保姆正面反击，不讲策略，到头来会是一个什么结局呢？小保姆略施小计，就避开了女主人为她挖好的陷阱，真是应验了那句老话"害人之心不可有，防人之心不可无"。

世上小人难对付，这是众所周知的事情，在不触及原则性问题时通常忍忍就过去了，但若触及了原则性问题，那你就不能再沉默了，否则他们会变本加厉、得寸进尺。这时你应用点"以毒攻毒"的策略，使他们原形毕露，让他们无地自容。

怎样对待搬弄是非的人

在某公司里，小黄对正在工作的小马说："你瞧瞧，老胡以为自己是海归，就把自己当成智慧的化身了。他现在走到哪里都以智者自居，好为人师，经常指责别人。哼，我就看不惯他那副德行！"

小马听后，只是微微一笑，继续埋头工作。

小黄见小马虽然没有附和自己，但见他一笑，又把心里的不快压了下去，心想："小马微笑肯定是表示赞同我的观点。"想罢，便得意地走了。

一会儿，同事小吕来到小马的办公室，对小马说："你看佟军，学历不高，居然想竞争销售经理的位子，真是自不量力！"

小马听后，仍然只是抬头微微一笑，继续埋头工作。小吕见小马没回答自己的话，心里有点恼火，但见小马一笑，也以为他是赞同自己的观点，便得意地走了。

任何人在小马面前说别人坏话时，小马听了，总是什么也不说，只是微笑。

后来，经理决定对优秀员工进行一次重奖，奖励那些工作勤奋、品德高尚的人。出人意料的是，小马竟然得了全票，不但获得了高额奖金，而且还得到了提升。

事实上，论工作成绩，小马不及小黄；论学识，小马不及老胡；论资历，小马不及小吕，但他却在公司里"人气最旺"，他凭的是什么？是微笑。当有人在他面前诋毁其他人时，他始终不插话，只是微笑。小马这样做是最明智的，因为微笑的内涵极为丰富，它可以表示你领悟了别人的意思，也可以表示听不懂别人的话。当你不接话茬儿，只是微笑时，就不会得罪说话的人，也没有参与说别人的坏话，这样的好处是避免招惹是非、滋生事端。

小马对付搬弄是非的人的方法是值得我们借鉴的。当有人在我们面前说别人坏话的时候，我们最好的做法就是微笑。万一做不到微笑，也千万不要插话，这样，你在与同事们或其他人相处时，既能保持自己的独特个性，又能受到大家的欢迎。

搬弄是非主要有两种情况，其一是在第三者面前说你的坏话，如当你去上司的办公室准备交一份资料时，却无意中听到一个同事正在上司面前说你的坏话，如说你的"销售计划书是抄袭的"、"上班时间喜欢打私人电话"、"泄露公司商业秘密"等。其二是在你面前说第三者的坏话，如"你知道吗？小王被提升为主管是因为他在休息日经常到经理家做义务工，听说经理家的卫生间都是他清洗呢……"等。

面对第一种情况，我们大可不必计较搬弄是非之人的闲言碎语，因为你的上司应该是个有判断力的人，他能够分清是非曲直，因此别人的挑拨不会对你产生负面的影响。即使上司一时受了蒙蔽，对你产生了误会，但时间能够证明一切，你的工作能力、良好品质，最终会令上司对你刮目相看。

面对第二种情况，我们一定要谨慎，既不要得罪搬弄是非之人，也不要人云亦云，随着他说别人的坏话。最理智的做法是：当有人在你面前说某人坏话时，你只要微笑即可。

必要时要软硬兼施

明朝人张嘉言治理广州时，海防设有总兵（官名，明朝总兵官镇守一方，简称总兵）、参将、游击等官职，各统领数千海防兵。每位士兵每日可领工作及餐费津贴三分银子。每年参、

一本书掌握社交心理

194

游属下都要到外地服役，而总兵属下都以镇守海防为借口，从不到外地服役。而每隔三五年一次的修船期，参、游兵都只能领半日津贴；即使不修船、不服役也要扣减三分之一津贴，作为修船的公积金。但总兵属下却是一分钱都不扣，每次修船，就向民间筹募款项。由于行之有年，已经约定俗成，无论参、游或总兵都已习惯。

一日，巡道（官名，明朝各省按察司）禀报军门（明朝统兵官的尊称），想将总兵的士兵也比照参游所属的官兵扣减津贴，作为修船的基金。正巧军门和总兵之间曾经有过摩擦，所以军门没有仔细考虑，批准了巡道的请求。总兵的辖下兵士听到消息后群情激愤，认为张嘉言是朝廷命官，于是包围张嘉言的公堂。

张嘉言意态从容，命士兵代表五、六人进公堂说明整个事件的经过。其他士兵也一拥而上，张嘉言立即大声叱责说："人多嘴杂，反而听不清楚。"其他士兵这才退下。这时天下大雨，士兵们的衣服都已湿透，张嘉言也不管。

代表说，往日从来没有扣减津贴的旧例。

张嘉言说："这事我也有耳闻。但你们从不服役，也难怪长官会有这样的决定。你们想不扣减津贴也行，但是依我看你们未必能得到好处，因为上面有令，你们从现在开始和参游兵一样每年轮流服役，你们敢违令吗？若是服役，那么你们也和参游兵一样，津贴减半，你们极力所争取的不扣减津贴，反而是参游兵享受到了，所以为什么不乖乖地听命扣减津贴，而代以不外出服役，安安稳稳地做总官的部属呢？你们仔细考虑一下吧。"

这六人低头答不出话来，最后只得说："请张公代为转达长官，请长官体恤我们的处境。"

张嘉言说："你们几个叫什么名字？"六人你看我、我看你，都不愿意报姓名。

张嘉言骂道："你们不肯留下姓名，上面长官问我是谁来陈情，我要怎么回答？你们只管报上姓名，我自有主张。"六人这才留下名字。

张嘉言说："你们回去后告诉底下那些人，这事我自有主张，要他们不要再闹事。如果闹事，你们这六人都留有名字，长官会下令砍头的。"六人听了非常惊恐，点头告退。

日后决议，每月每个总兵所辖士兵扣减津贴一钱，所有士兵竟毫无异议地接受。

面对不同意削减工时的士兵，张嘉言首先是站在对方的立场上，条分缕析，循循善诱，从感情上缩小了彼此间的距离，这是"软"的一手。然后，他脸色一变，说出令对方胆战心惊的一句话，警告如果继续闹事，先把几个挑事的人斩首，这是"硬"的一手。当然，张嘉言的说辞，是不好做绝对的划分的，刚中带柔，软中有硬，彼此交融，结为一体。也正是如此，才取得了理想的说服效果。

在社会交际中，面对小人也可以采用软硬兼施的方式。理论上讲，说服或驳斥他人应以友善、温和、平等的态度，也就是循循善诱，因势利导。但在现实生活中，温和对待往往适得其反，所以，必要时，应该辅之以强硬的威慑力量。这就是人们常说的，也是常用的"软硬兼施"的方法。

识别爱打小报告的同事

有记载称：武则天在位时禁止屠宰。一次，大臣张德家里生子添丁，私自宰羊庆贺，有位叫杜肃的大臣也在宴请之列。他见有机可乘，就偷偷藏起一块羊肉，打报告呈送给皇帝，以邀功请赏。

第二天上朝，武则天问张德："闻卿生男，何从得肉？"

张德叩头请罪。

武则天接着说："朕禁屠宰，吉凶不预（红白喜事除外）。卿自今招客亦须择人。"说着将杜肃的报告给张德过目。杜肃自此无地自容。

这个故事中，杜肃这种人就是大家都深恶痛绝的告密者，也可以说是小人。在职场中，这种人随处可见，他们喜欢到处串门，打听并宣扬别人的秘密，以达到自己某种不可告人的目的。

爱打小报告的人，平日喜欢搬弄是非、打探别人的隐私。在公司里，他们常到领导那里打小报告。如果领导是一个实事求是的人，这种小报告也起不到多大作用，但如果领导是一个是非不分、易轻信他人的人，小报告就会对被诬陷者构成威胁。

在一个单位工作，难免会有得罪他人之处，如果被你得罪的人是心胸狭隘的小人，你不得不防着他在领导面前进你的谗言。应对这种小人，最好的方法是先发制人。要在被诬之前事先采取措施，积极地进行自我保护，或者是一闻风吹草动，就积极行动起来，自己抢夺先机。所以，对于防范和反击小报告的人来说，要做到克敌制胜，就不能总是棋行后手，也应该积极地行动起来，在那些打小报告的人告黑状之前，抢夺先机，从而有效地制止流言蜚语对自己的造成的伤害。

其次，针对滋事生非的人，也可以采取公开论战的方法，对其所散播的流言蜚语进行大胆揭露和坚决批驳，贬斥其所做的这种卑劣行为。这就要求你把所发生的事情原委详细客观地公布给大家，使人们对此有一定了解。把客观事实与那些偷偷摸摸上报的"黑材料"以及背后的各种不实之词等都摆到桌面上来。

为人处世最根本的办法就是尽量不留下任何把柄给小人，只有这样，才可以尽可能地远离罪恶之源，避免祸患的发生。

第十一章
充分发挥，克服社交难题的心理奥秘

人际交往是人们社会生活的重要内容之一，人们都希望通过人际交往建立起和谐的同事关系、邻里关系、朋友关系等。但在人际交往中，人们往往会遇到这样或那样的难题，如何解决这些难题，这就需要我们掌握更多的社交技巧。

被人误解时要及时化解

李立和王新是一对好朋友，他们经常在一起谈心。但是有一段时间因为王新要参加考试，所以他将自己封闭起来，全力复习功课。对王新有看法的张朝乘机挑拨李立说："你知道王新最近一段时间没有与你来往的原因吗？不是因为考试，而是他嫌你档次太低、没水平！你想想，你是大专生，他是本科生，能瞧得起你吗？"李立信以为真，觉得王新只不过多读了两年书，就如此骄傲，太不够朋友了，因此下定决心再也不理王新了。

王新考完试后几次打电话给李立，李立都没有接电话，王新很快就了解了情况，知道是张朝从中挑拨，李立才对自己有了误会。第二天，王新突然来到李立的住处，亲切地对李立说："前段时间我忙于考试，咱们好久没聊聊了，走，到望江楼去，咱们边吃边聊！"李立听后非常高兴，想到张朝的话完全是胡说，于是愉快地答应了。他们之间的误会也就这样无声无息地消除了。

人与人相处难免会产生一些误会，如果能及时消除，那么你们的关系还会像以前一样稳固。就像故事中的李立和王新一样，如果王新得知事情的真相后，没有主动去找李立交谈，那么他们之间的误会就会越积越深。

误会是人际关系的绊脚石，会给我们带来痛苦、烦恼、难堪，甚至会产生悲剧。误会常常是人们在缺乏了解、不理智、无耐心、缺少思考等情况下产生的。有人被误会搅得焦头烂额，总觉得心中有难处，又不好启齿，结果碍于情面，时间越拖越长，误会越积越深，到最后无限制地蔓延，造成了令人极为苦恼的后果。所以，有了误会，要迅速解释清楚，拖的时间越长，就越被动。

当误会来临时你必须调整自己，采取有效的方式予以排除，使自己与他人尽快地放轻松。出现误会后，不必急于为自己辩解。总以为自己正确、有道理、不被理解，心中怀有委屈的人，必定不愿开口向对方做出友好的解释。这种心理障碍妨碍彼此间的交流。

消除误会的方法有很多，我们可以佯装不知，以行动消除误会，就像故事中的王新所采取的方法一样。还可以运用书信消除误会，或者请第三方疏通来消除误会等。总之，一旦别人对你产生误会，你一定要冷静，心胸一定要宽阔，态度一定要诚恳，能直接沟通的就直接沟通，不能直接沟通的可以根据实际情况采取迂回策略消除误会。

矛盾来临时要学会宽容

小张和小何都是大一新生，入学两个月后的一天，她们闷闷不乐地来到学生办公室，请辅导员帮她们调宿舍。经过了解，原来她们俩和室友之间存在着矛盾。

小张和小何都来自农村，一直相处得很好。但她们的室友小吴是城里人，又是独生子女，家庭条件优越，大家在生活上很多方面都合不来。因为小吴喜欢音乐，所以经常把音响开得很大，从不理会别人的感受。再加上另外两名室友不积极配合搞宿舍内勤，小张和小何对此提出意见，她们也无动于衷，有时还恶言相向。

小张和小何对此也不敢说出来，担心说了会把同学关系搞僵，但整天憋着自己心情又不好，一直很郁闷，严重影响了学习和生活。于是，她们俩想到了调宿舍这个办法。

小张和小何之所以想调宿舍，原来事出有因。其实，在生活中与别人发生矛盾和分歧在所难免。面对矛盾和分歧，成熟的人强调"忍"，多说好话，避免争吵，但是，也要采用一定的方式方法维护自身的合法权益。无论一个人为协调人际关系做出多少

一本书掌握社交心理

努力，事实上仍然不能完全避免同别人发生矛盾。只要人们之间发生交往，就会或多或少产生矛盾，这是由人的天性决定的。

事情总会有解决的办法，宽容别人的过错，要知道世上没有十全十美的人，包括自己在内，谁都有缺点，谁都有可能犯错误。要给别人改正错误的机会，就像希望别人原谅自己的过失一样。

一个不肯原谅别人的人，就是不给自己留余地的人，因为每个人都有需要别人原谅的时候。

通常情况下，我们看自己的过错，往往不如看别人的那样严重。我们常把注意力集中在人家的过错上，即使有时不得不正视自己的过错，但总觉得是可以宽恕的，这是因为无论我们自己是好是坏，我们必须容忍自己。

有些时候对人宽容一些，给别人留一个台阶下，这也是为自己留一条后路。因此，当矛盾来临时，我们要学会宽容，从而使矛盾缩减到最小的程度。

陷入尴尬时要急中生智

著名作家安徒生生活俭朴，他把大部分精力都投入到了写作中，从不注意衣着，不追求时尚。有一次，安徒生戴着破旧的帽子在街上行走，有一个富人嘲笑他："你脑袋上边的那个玩意儿是什么？能算是帽子吗？"旁边站了一群人，大伙听了都笑得前仰后合…"哈，这次安徒生可算是栽了，看他怎么办？"那个挖苦他的富人更是得意扬扬，摆出不可一世的架势。可是这并没有难倒安徒生，安徒生不慌不忙地指着那个富人回敬道："你帽子下边的那个玩意儿是什么？能算是脑袋吗？"顿时，笑声停止了，过了一分钟，人们又开始捧腹大笑起来。此时，那个富人窘得满脸通红，一句话也说不出来了。

富人想让安徒生没面子，陷入尴尬，没想到安徒生利用对方的话予以回击，使自己从尴尬中走出，并使富人落得个众人耻笑的下场。由此可得出一个结论：当你陷入尴尬局面时，急中生智可以发挥很好的效果。

但在社会交际中，有时候尴尬常常起源于误会，你若只顾排除自己的尴尬，也许会使对方陷入更深的尴尬之中。在这种场合，需要一种宽容的心态，最好的办法是将错就错，索性把双方的尴尬一起化解掉。

尴尬局面突然出现，令人措手不及时，智慧是化解尴尬的一大法宝。冷静灵活、随机应变，往往能化被动为主动，不光令尴尬消除，还可能赢得别人的尊重与喝彩。著名主持人杨澜在主持一次大型晚会时，刚登上舞台就不留神被绊了一跤，剧场内一片哗然，众目睽睽之下，只见杨澜迅速爬起，不慌不忙地举起话筒说："今天的观众朋友实在是太热情了，以至于我不得不为之倾倒啊！"此话一出，掌声雷动。

一本书掌握社交心理

遭人拒绝时要鼓足勇气

玛丽刚毕业时到一家公司应聘财务会计工作，面试时即遭到拒绝，原因是她太年轻，公司需要的是有丰富工作经验的资深会计人员。玛丽并没有因此而气馁，一再坚持，她对面试官说："请再给我一次机会，让我参加完笔试。"面试官拗不过她，答应了她的请求。结果，她通过了笔试，由人事经理亲自复试。

因为她的笔试成绩最好，那位人事经理对她颇有好感。不过，玛丽的话让经理有些失望，她说自己没工作过，唯一的经验是在学校掌管过学生会财务。他们不愿找一个没有工作经验的人做财务会计。人事经理只好敷衍道："今天就到这里，如有消息我会打电话通知你的。"

玛丽听后从座位上站起来，向人事经理点点头，从口袋里掏出一美元递给人事经理："不管是否录取，请给我打个电话。"

人事经理从未见过这种情况，一下子呆住了。不过他很快缓过神来，问道："你怎么知道我不给没有录用的人打电话?"玛丽说："您刚才说有消息就打，那言外之意就是没录取就不打了。"

人事经理对这个年轻女孩产生了浓厚的兴趣，问道："如果你没被录用，让我们打电话，你想知道些什么呢？"

"请告诉我未能录用我的原因，还有我在哪方面表现得不够好。"

人事经理又问："那一美元是怎么回事呢？"

女孩微笑着解释道："给没有被录用的人打电话不属于公司的正常开支，所以由我付电话费，请您一定打。"

人事经理马上微笑着说："请你把一美元收回。我不会打电话了，我现在就正式通知你，你被录用了。"

玛丽能抓住这次面试的机遇，完全取决于她在面对拒绝时的不放弃：一开始玛丽便被拒绝，但她仍要求参加笔试，说明她很有毅力。财务是十分繁杂的工作，没有足够的耐心和毅力是不可能做好的。她能坦言自己没有工作经验，显示了一种诚实的态度，这对搞财务工作尤为重要。即使不被录取，也希望能得到别人的评价，说明她有直面不足的勇气和敢于承担责任的上进心。

玛丽用一美元打开了机遇之门，折射出她良好的素质和优秀的人品，而人品和素质有时比资历和经验更为重要。在社交场合，面对拒绝要懂得鼓足勇气、锲而不舍，这样才能赢得别人的尊重与喜爱。

被人捉弄时要因势利导

白玲毕业后被分配到一所中学当教师。校长派她到一个全校闻名的"调皮班"教课。调皮的学生根本不把这个身材瘦小、刚毕业的女教师放在眼里。他们搞了一个恶作剧：当白玲走进教室时，只见黑板上画着一个哭丧着脸的小女孩，下边写着"黄毛丫头，不欢迎你"八个大字。同学们敲着桌子，哈哈大笑。

"同学们，"白玲平静地说，"因为张老师工作变动，所以由我接替他教你们的语文课。我这个'黄毛丫头'在教学经验上的确不如张老师，他比我早毕业两年，书教得好，篮球打得也很棒，不过，他也有一招不如我，就是乒乓球打不过我，我们在师大读书时就曾经有过较量，结果他输了。"

同学们听到这里都兴奋地看着白玲。白玲接着说："在正式上课前，我们先做两个游戏。大家看着黑板上的漫画，谁有本事只用三笔就把这个女孩的哭相变成乐相？"一个男生上去改动了嘴巴和眼睛的线条，小女孩果然笑了起来。"改得好！这才像我！"白玲接着说，"现在看下边的那句话，要求改几个标点，让意思反过来，谁来？"一个女生上去改了标点，然后念道：

"黄毛丫头？不。欢迎你！"同学们欢呼起来，从心里接受了这位聪明随和的新老师。

面对学生们的恶作剧，白玲并没有发怒，而是先夸奖了他们之前的张老师一番，承认自己不如张老师的地方，但也说出了自己的优势，这让同学们对她刮目相看。白玲还通过游戏的形式，把最初看似一场不可避免的"战争"巧妙地变成了一堂有趣的娱乐课，同学们最终欣然地接纳了这位新来的白老师。

在人际交往中，也许你会面对无聊者搞的恶作剧，这时不应该用发怒、大吵大闹、打架等极端的方式去解决，一定要冷静应对，找准事情的切入点，因势利导，化解矛盾。

此外，当你陷入尴尬境地时，还可以用幽默的语言来化解。

新中国成立之初，周恩来总理在出席记者招待会时，有一位外国记者挑衅地问中国有多少个厕所时，周总理答道："两个。"在记者惊异的目光中，总理继续说道："一个男厕所，一个女厕所。"顿时笑声四起，紧张的氛围轻松下来。

对于这种捉弄别人的人，绝不能在口头上被他压制住。如果露出一脸困惑的表情，只会助长他的气焰。所以，对对方的胡言乱语必须巧妙地给予反击，这样才能在社交中占有主导地位。

面对反对时不妨绕道而行

伽利略从小就非常聪明，对什么事物都充满强烈的好奇心。早在年轻时，他就立下雄心壮志，决心在科学上有所成就。为了得到父亲的支持和帮助，他决心说服父亲。

一天，他对父亲说："我想问您一件事，是什么促成了您和母亲的婚事？"

"我看上你母亲了。"爸爸回答。

"难道您就从没想过娶别的女人吗？"伽利略又问。

"没有啊，孩子。家里人当时想让我娶一位富家小姐，可我只钟情于你的母亲，我做梦都想娶她，要知道你母亲年轻时可是一位绝色美女。"

"您没想过娶别的女人是因为您深爱我的母亲，您知道，我现在也面临类似的处境。除了科学以外，我不可能选择别的事业，因为我只热爱科学。我感到别的职业对我来说毫无前途，科学是我唯一的选择，我对它的爱犹如对一位美貌女子的倾慕。"伽利略说。

"像倾慕女子那样热爱科学？你怎么能这样说呢？"

"是的，父亲，我已经18岁了。别的学生，哪怕是最穷的学生都已经想到了自己的婚事，但我可从没想过那事。我不曾与人相爱，我想今后也不会，因为我只愿与科学为伴。"

父亲仔细地听着，一声不吭。

"我会成为一位杰出的科学家。我能够以此为生，而且比别人生活得更好。"伽利略满怀信心地说。

"但我没钱供你上学。"父亲为难地说。

"您听我说，很多穷学生都能领取奖学金，这钱是公爵给的。我为什么不能去领一份奖学金呢？您在佛罗伦萨有那么多朋友，他们对您不错，会尽力帮助您的。他们只需要去问一问公爵的老师奥斯蒂罗·利希就行了，他了解我，知道我的能力。"

父亲被伽利略的执着打动了，说："嗯，你说得很有道理，这的确是一个好主意！"

伽利略激动地说："父亲，请您帮助我。我向您表示感激的唯一方式就是保证成为一个伟大的科学家。"

就这样，伽利略的父亲同意了他的请求，他也实现了自己的理想，成为一位举世闻名的科学家。

伽利略因为知道父亲从内心不是太支持他的理想，所以没有采用直接的方式和父亲交谈，而是用了心理共鸣的方法：从父亲感兴趣的话题谈起，然后再一步步接近谈话主题，使父亲感同身受，最后达到说服父亲的目的。

在社交中，当你和对方的看法不一致时，如果你一开始就急于证明对方的观点是不正确的或者说是愚蠢的，那么你自己也做了件傻事，其结果只能是使对方坚持己见。如果你对对方表示出应有的尊敬，了解对方的真实想法，然后循序渐进地指出对方有可能步入的误区，那就比较容易使对方接受你的意见了。

在人际交往中，当你与人沟通时，明明知道对方一定会持反对的态度，如果过早地暴露自己的意图，就会遭到对方的抵制。那么，你可以绕道而行，采用说服他人的方法，循循善诱，从而让对方能够欣然接受。

果断拒绝无理纠缠

当代著名书画家启功，是清朝皇室的后裔，又是一位炙手可热的大名人。因此，他在世时，登门造访的人总是接连不断，简直踏破了门槛。

每天到启功家的人，大都是有求于启功先生的。请求的内容大致有两个：一是举办某某活动，欲请先生光临、捧场；二是求先生挥毫，为其题字。但因先生名气太大，在活动中一露脸，立即有大群记者一拥而上，不仅主办者脸上添光，知名度顿时上升，还会给他们带来极高的社会效益和可观的经济效益。

那些人个个都有一套死磨硬泡的本领，委婉的拒绝是不管用的，因此，启功先生有时对他们毫不客气，干脆"黑"起脸来，将其拒之门外。

有一天，电话铃声一直在响，启功先生正在处理文稿，犹犹豫豫本不想接，但打电话的人极有耐心，先生又恐是老朋友打来的，于是便接了。一问对方姓名，自己并不认识。问其何事，对方称先生曾为某书题词，现该书已出，欲明日亲自送来。

先生当即说："谢谢。不过这样的小事，你也不必跑了，通过邮局寄来即可。"

对方不依不饶，坚持要前来探望。先生解释道："我现在很忙，身体又不大好，你来我也无力接待，请原谅，书还是寄来吧。"

对方不肯，启功先生索性挑破窗户纸，单刀直入，问道："你说你还有什么事吧！"

对方说："没有什么事，就是想看看您。"

先生答道："你既然那么想看我，也行。我给你寄张相片去，你可以从从容容地看。"

此人只得就此打住。

启功先生在一开始并没有直接说"不"，因为他要先搞清楚究竟是什么事情，然后又采取了果断拒绝的策略，他的这种做法是非常值得赞赏和效仿的。

果断拒绝无理纠缠并不是说让你一开始就斩钉截铁地说"不"，而是不要因此而放弃表示拒绝的权利。即使这样做会破坏自己在他人心目中的形象也在所不惜，毕竟，办不到的事终究还是办不到，何必令自己为难呢？先把这一点搞清楚，然后尽早设法向对方恳切地表明，才是真正的相处之道。

　　果断拒绝虽然会让对你提出请求的人暂时表现出失望，但总比中途反悔好多了。所以在考虑答应对方的请求前，应先仔细考虑自己是否可以做到。如果答案是否定的，不妨想想一旦失约后对方对自己所产生的不信任感，那么即使很难做到，也必须鼓起勇气加以拒绝。

道歉时要选好恰当的时机

　　小芳因为说话不小心，无意中伤害了朋友张丽，为此她感到很内疚，想找机会向张丽道歉，但是张丽当时很生气，根本听不进她的话。于是小芳想了一个好办法．过几天就是张丽的生日了，她决定等张丽生日那天，借着为她祝贺生日的机会，向她表达自己的歉意。到了生日那天，小芳在张丽每天必听的一个电台节目里，为她点了一首她非常喜欢的歌曲，并请主持人代为转达自己的歉意："张丽，对不起，我不是故意要伤害你的。你能原谅前几天惹你生气的朋友吗？今天是你的生日，祝你生日快乐！我希望我们永远都是好朋友！"张丽听到以后很感动，两人冰释前嫌，和好如初。

在这个故事中，小芳就选择了一个很恰当的时机向张丽表达歉意，因此，她们化解了以前的怨气，并重归于好。

其实，在社会日常交际中，我们与朋友、家人、同事等人交往时不可避免地会说错话、做错事，得罪人也就在所难免了，严重时，甚至给别人造成沉重的精神负担和巨大的经济损失，在这个时候，你一定要及时认识到自己的错误，选择恰当的时机，诚恳道歉，主动承担责任，这样做一般都能得到别人的原谅。

选择向别人道歉的时机是有技巧的，注意在下面几种情况下不宜道歉：

（1）在对方被激怒或火气正旺的时候。

（2）在对方身体不适的时候。

（3）有外人在场的时候。

（4）当对方工作正忙或者正为其他事情焦虑的时候。

通常情况下，向别人道歉时要选在对方心情舒畅或有喜事临门的时候，这个时候怨恨更容易化解。此外，道歉时必须诚心诚意、语气温和，不要夸大其词或一味往自己脸上抹黑。那样，别人不仅不会接受你的道歉，反而会觉得你很虚伪。

道歉之事不宜拖延。很难想象几十年后的一句“对不起”还能有多大效果，太迟的忏悔已没有意义。因此，道歉时间宜早不宜迟。越拖延越难以启齿，有时拖延数日就可能错过道歉的最佳时机，过后追悔莫及也没有用了，你只能抱憾终生。

向别人道歉的时候也有一定的技巧，一定要承认错误，真诚道歉，坦诚地向对方陈述自己的失误原因，分析利弊，可以让对方感到你是站在他的立场上想问题，这样有利于对方接受道歉，同时对你也会产生好感。

安慰别人的时候用词要得体

故事一：

文锋成绩一直不好，但他平时非常努力，上课认真听讲，下课也不贪玩。为此他心里很郁闷。一次，他的朋友来家里做客，发现他正在埋头做功课，眼睛熬得红红的，就走上前对他说："文锋，你何必这么用功呢，算了吧，明天你抄我的就是了。"

故事二：

李菲从农村转到城里的学校读书，开始时，她的学习成绩不好，她非常苦恼，总是想是不是因为自己脑子太笨了。老师对她说："成绩跟不上，不是因为你脑子笨，而是因为你原来的学校与现在学校的教学进度有差距。其实你基本功非常扎实，只要你将落下的进度补上，你很快就会赶上来。"李菲听了非常高兴，从此不再一筹莫展，学习成绩很快就提高上去了。

第一个故事中文锋的同学表面上看起来是在安慰他，但实际上却让文锋打了退堂鼓，这样的安慰往往会引起对方的不快。第二个故事中，老师的安慰给了李菲很大的鼓励，这使得李菲信心倍增，并在老师的鼓励中不断提高自己的成绩。

从这两个故事中可以看出，在别人最需要情感的帮助时，你的话会直接影响安慰的效果。所以，在安慰别人时必须要先明白对方忧在何处，把安慰的话说到对方心坎儿里，这样才能起到良好的鼓励效果。

此外，也可以充分运用身体语言，比如一个眼神或一个拥抱，这也是一种无声的安慰。

求人办事受冷落了怎么办

张果为办一个手续，连跑了好几个地方，为了这个手续他可是多次被别人冷落，这让他很不明白。有个朋友说要送礼，他不懂送礼也不愿送礼。另有一位好心的朋友听说此事后，指点他直接去找某主任。可他到办公室却扑了个空，追到家也没人，还被势利的保姆赶了出来。张果觉得很丢面子，只得带着满腹怨气回到家，发誓再也不去找这个主任了。

他的朋友知道后说："你啊，这就打退堂鼓了？在外办事哪

有这么容易的！我在外办事都是一求、二求、三求，不行再四
求、五求、六求。事实不可谓不详尽，道理不可谓不充分。现
在我不仅脸皮厚了，连头皮都变硬了。"

一席话深深地触动了张果。第二天，他又"厚"着脸皮去
找那个主任。结果是出人意料的顺利，主任只照例问了一些问
题便为他办了手续。

在生活中，求人办事的人最容易被冷落，被求的人往往不
愿理会你、不愿接近你，出现无意与你交好的情况。其中的原
因有很多，也许因为他不了解你，对你有防范之心；或是不赏
识你，认为你虽然有某方面的才能，但觉得你存在某些致命的
缺陷；或是不喜欢你，认为你性格或习惯不好；或对你有偏
见……

这时候，你应该首先从自己身上找出原因，俗话说："精诚
所至，金石为开。"那么，在遇到冷落时应该怎么做呢？要学会
面对冷落，坦然接受，并敢于表现自己，抛掉心头的抱怨。只
要你付出真心和真情，就一定会得到应有的善待。

打破谈判僵局有技巧

A 国与 B 国就买卖鲱鱼进行了马拉松式的持久谈判。B 国

开价高得惊人，尽管双方僵持不下，但 B 国并不在乎，因为 A 国人要吃鲱鱼，货主非 B 国莫属。为了打破僵局，A 国政府派出女强人柯伦泰，她是著名的女大使，又是一位杰出的谈判高手。为了谈判成功，柯伦泰采取幽默法，以退为进，她说："好吧，我同意贵方的报价，如果我国政府不同意这个高价，我愿意用我自己的工资来支付，但是，请允许我分期付款，可能我要支付一辈子。" B 国的谈判代表从未碰到这样的谈判对手。对方在忍不住一笑之际，终于一致同意把鲱鱼价格降下来，柯伦泰终于解决了前任谈判者未能解决的难题。

故事中，柯伦泰为了谈判成功，以退为进，最后终获谈判成功，可见，打破僵局需要运用一定的策略。这样做不但有利于谈判的顺利进行，而且还可能取得谈判的主动权，为取得有利的谈判成果夺得先机。

但这个故事中出现的谈判情景，只是谈判僵局的情况之一，其实，很多时候谈判的内容通常牵连甚广，不只是单纯的一项或两项。在有些大型的谈判中，议题多达几十项甚至上百项。当谈判内容包含多项主题时，可能有某些项目已谈出结果，某些项目却始终无法达成协议。这时候，你可以采用"激励"对方的方法，可以说："看，许多问题都已解决，现在就剩这些了。如果不一并解决的话，那不就太可惜了吗？"这是一种用正面激励来打破谈判僵局的方法，虽然它看似平常，却能发挥莫大的效用，所以值得你作为谈判的利器来广泛使用。

在牵涉多项讨论主题的谈判中，需要注意的是要把握好议题的重要性及优先顺序。例如，在谈判中包括五项议题，在这五项议题中有三项比较重要，而另外两项不是很重要，那么，在谈判时，你应该优先使三项重要议题中有两项已达成协议，只剩下一项重要议题和两项次要议题，这时，为了能使这些议题也获得解决，你可以这么告诉对方："三个难题已解决了两个，剩下的一个如果也能一并解决的话，其他的小问题就好办了。让我们再继续努力，好好讨论讨论唯一的难题吧！如果就这么放弃，大家都会觉得遗憾。"听你这么一说，对方多半会点头，同意继续谈判。当第三个重要议题也得到解决时，你不妨再重复一遍上述的说法，使谈判得以圆满地结束。

其实，打破谈判僵局的方法并不仅仅只有以上几种，还有很多。不过，无论你使用的是哪一种方法，最重要的是，设法借着已获得一致协议的事项作为跳板，以达到最后的目的。

第十二章
趋利避害，掌握社交禁忌的心理奥秘

　　在社交场合，有许多礼仪、习俗、礼节是需要特别注意的，其中的一些东西近乎某种禁忌，当事人最好不要触犯，否则会被认为是不礼貌的，有时甚至会导致关系的破裂。因此，在社交中，掌握一些社交禁忌是非常必要的。

与人对话切莫口无遮拦

有一天，北风和南风偶然相遇，它们谁都不服谁。于是，它们决定比试一下，看谁的威力大。它们一起来到路上，看见一个穿大衣的路人，于是它们约定了比赛的规则：谁能把路人身上的大衣脱掉，谁就是胜利者。北风首先上场，对着那个路人猛吹一阵冷风，想借冷风把行人的大衣吹掉。寒风凛冽刺骨，冻得路人直跺脚，不停地搓着耳朵，大骂这该死的北风。结果路人不仅没有把身上的大衣脱掉，而且还把大衣越裹越紧。此时，精疲力竭的北风只好狼狈地败下阵来。轮到南风上场了，南风徐徐吹过，顿时和煦温暖，不一会儿，行人开始解开纽扣脱掉大衣。就这样，南风获得了胜利。

这个故事讲的就是著名的南风法则的由来，它也叫"温暖法则"。南风法则启示人们：在人际交往中，很多人就是无意间做了那逞强好胜、得理不饶人的北风。一旦觉得自己有道理，他们就会揪住别人的缺点，穷追猛打；当与别人的意见发生分歧时，也非要跟别人争个高下。表面上看他们好像获得了胜利，事实上却输得很惨。

在我们的生活中，只要你稍微留意一下身边就会发现，那些口才好的人，说话总是充满机智、讲究艺术的；那些口才不好的人，说话往往不经大脑、口无遮拦。

所谓"言者无心，听者有意"，如果你说话时不考虑听者的感受，就很容易在无意中伤害别人，进而产生一些不必要的误会。

一位哲学家就曾说过这样的话："与人吵架，吵赢了也是输家。"你虽然赢了，但可能会因此而失去一个朋友，并给人留下争强好胜的印象，别人会对你避而远之，而你所得到的只不过是一场毫无意义的胜利而已。

不能对任何人都有求必应

在一家广告设计公司从事设计工作的张健，被大家称呼为"老好人"，这是为什么呢？只因为他性格随和，在工作中对每个同事都特别客气、非常谦让，无论是别人给他的设计提出修改意见，还是请他帮忙做一些本不该他做的事，他总是会说："行，就这样，我听你的。"为此，张健常常因为几个人的意见不统一，而把一个方案修改很多次，也耽误了非常多的时间，但他从来没有一句怨言。

这一年，广告公司内新领导上任，为提高效率，新领导要求大家必须独立完成自己的工作，多提出一些好的广告创意。而张健早已习惯了别人替自己拿主意，不敢提也提不出任何想法，顿时他感到压力巨大。在连续几个方案都被新领导否决之后，他只好无奈地辞职了。

许多刚到新环境工作的人都会有像张健一样的心理，为了处理好人际关系，便对每个人都"大献殷勤"。尽管有时候自己不愿意做，也假装很乐意的样子，只为能够拉近自己与他人的距离，但有时自己却很受委屈。其实这样的人会很容易给他人留下一种"没能力"的印象，很可能会被他人低看。所以，对于别人的请求，该拒绝的时候还得拒绝。

虽然说性格随和的人相对更容易让人亲近，但是，如果凡事都随着别人的意思来，反倒会给别人一种不良的印象，他们会认为你优柔寡断。

因为太过热情，不给对方喘息的机会，就会让对方的心灵窒息，从而让人感觉到你的热情并不真诚。在人际交往中，要把握好待人热情友好的具体分寸。否则就会事与愿违，过犹不及。

不要当众向对方提出忠告

张毅在一所重点中学任教，是这所学校的骨干教师。由于学校所在的城市要对学校的现有用地进行重新规划，此外，学校还要对每年上缴的税款进行重新评估，校长召集全体教职员工讨论如何削减经费的问题。

讨论会上校长把准备的资料向与会人员做了较为详尽的展示，在做出结论后，她将所有的资料都放到了公文包内，并且习惯性地问道："你们还有什么意见？"

就在校长认为讨论会即将结束时，张毅举手发言了。他指出，校长向大家展示的数字中，有一些地方不合逻辑并且能够看出明显的错误。不仅如此，他还指出校长最后所做的结论似乎难以找到令人信服的根据。

校长是一位数学特级教师，也是数学方面的专家。而张毅提出的问题都是针对校长个人而言的，这让校长很不高兴。

事后，校长并没有对他谈及任何有关他职位的事。然而，在接下来的一个学期，张毅没有再当实验班的老师，而是被调到了普通班。

从这个故事中可以看出，张毅的遭遇与他在公众场合指出校长的错误有直接的关系。如果他没有那么做，或许已经被校长提升到更高的职位。可见，在公共场合让别人没有面子，是非常糟糕和严重的一件事。

美国的心理学专家罗宾森教授曾说过这样一段很有启示的话："人有时会很自然地改变自己的看法，但是如果有人当众说他错了，他会恼火，更加固执己见，甚至会全心全意地去维护自己的看法。这并不是因为那种看法本身多么珍贵，而是因为他的自尊心受到了威胁。"这段话说得很有道理。

在公共场合，即使有理，占据着有利的一方，我们也不应当毫无顾忌地指责他人，应当为别人留条后路，留住他们的面子。这样你所得到的远比你指责他人得到的要多。

如果你想建议对方放弃他原先的做法，你不妨这样说："我觉得有几种做法，不知道哪个比较好，请您看看。"结果，对方挑选了你提出的方案。但他并不会难为情，因为感觉上是他的决定，体现的是他的智慧。这样，对方还会拒绝你的忠告吗？当然不会，他只会对你报有更多的好感，更乐于接受你的忠告。

由此可见，向人提出忠告，应该避免"当众"让人难堪，要多利用非正式场合，"私下"向人提出，这样做，既有利于维护他人的个人尊严，同时也给自己留有回旋的余地，何乐而不为呢？

热情过度未必是件好事

老朋友相聚可谓是一件喜事。何锋和于强是老朋友了，他们多年不见准备聚一下。对于这次的相聚他们都很期待，也十分高兴。

何锋还专程带了自己热情开朗的新婚妻子一起参加聚会，只为了让妻子与老朋友相互认识一下。但事情没有何锋想象的那么顺利，因为他的妻子从一开始就扮演着整个谈话的主角，滔滔不绝地讲起了那些自己觉得很好笑、很有趣的事情。

这种情况下，两个男人出于礼貌沉默地听着，偶尔尴尬地对视一眼。当他们分手的时候，何锋的妻子站在门口的台阶上挥舞着手臂，兴高采烈地说："再见！"并且还说她度过了一个很有意义的夜晚，认识了丈夫的朋友，进行了一次愉快的谈话。而此刻，两个男人仍旧对彼此分别多年后的情况一无所知，心里都在埋怨着这个多话的女人。

上面这个故事中，何锋的妻子其实已经成了两位老朋友之间叙旧的干扰器，而她自己却还浑然不觉，临走时还很开心。何锋的妻子过度热情的表现明显使老友之间的聚会变得索然无味。在社交场合中，一旦出现喋喋不休，热情过度的人，都会令谈话对象感到伤透脑筋。他们大大咧咧、漫不经心，讲话啰啰唆唆，而且往往觉得自己所说的话含义丰富。他们既不知道自己是在说些什么（没有明确的主题），也不知道自己为什么要说这些（没有明确的目的），更不知道在什么场合说什么话（不了解谈话的基本规则）。

要记住，热情过度是性格上的一大弱点，这样的人会让别人感到厌烦。

约会时的说话禁忌

吴浩与丁菲都已年过三十，他们经朋友介绍选在一家餐厅见面。

两个人初次见面难免有些紧张，刚开始时只是相互介绍一下自己的简单情况，然后，两个人就一言不发了。还是吴浩打破了僵局，主动与丁菲说话，还说了句"我们之间没必要太拘谨，自然一点就好"。丁菲一听这话心里感觉放松了许多，于是便开始与吴浩闲聊。

丁菲的话开始多了起来，问吴浩从事什么工作，每月薪资多少，家里有几口人，他们都是做什么工作的……一连串的问题脱口而出，问得吴浩有些手忙脚乱，不知所措。之后，丁菲

一本书掌握社交心理

还是一个劲儿不停地说，说自己是个爱时尚、爱打扮的女人，只有能挣钱的男人才能配得上她。还说之前相了几个对象，个个都有不少缺点，而且让她感到厌恶……

整个约会过程，吴浩坐在那儿几乎没说几句话，而丁菲却一直口若悬河，说个不停。吴浩开始对眼前的这个女人感到有一种莫名的反感，几次想要离开，却又没好意思张口。后来，吴浩实在是忍无可忍，便打断丁菲，说："我有个急事，咱们改天再谈吧！"说完后，拎着包逃之夭夭。

丁菲之所以没给吴浩留下好印象，是因为她在初次交谈时话太多，只顾自己说话，不顾及对方的感受，而且说了一些不该说的话，问了一些不该问的问题。在与异性约会时，应避免语言过多，或说他人的不是，这样只会让对方觉得你人品有问题。

与异性初次交谈时，话太多误事，什么都不说也不行。有一些人在约会时总是发愁不知道该说什么好。比如有些女性在初次与男性交往时不愿多说话，仅用"是"或"否"等词回复，这样会令男性陷入窘境。在这种情况下，男性应该主动些，先找到话题，使女性放松紧张的情绪，否则，一问一答的谈话方式是很难打开紧张的局面的。

那么，初次约会时应该避免的话题有哪些呢？

避免谈论涉及对方隐私的话题，比如，"你每月挣多少钱"、"你父母都是做什么的"、"你和上一个女朋友分手的原因是什么"，等等。

在初次约会时，还应避免表现出对任何事情的不平或不满情绪，说别人的坏话或批评别人。这些话题不仅会破坏约会时应有的快乐气氛，同时也会让对方对你的品行表示怀疑。

与对方约会时，应该注意的事项：

首先，与其尽说些你自己的事，还不如热心地倾听对方说话。一面注视着对方的眼睛和嘴巴，并侧耳倾听，表现出对对方的话感到很有兴趣的样子。特别是在对方谈到很得意的事情时，你更要表现出你也非常有兴趣，并且让对方有所觉察。

开口说话时，你的表情要自然，说话要清楚，对于对方的问话，要简单明了地回答。事先准备好话题也是很重要的。如果知道对方对什么有兴趣的话，那么你就多准备一些和这个主题有关的资料。

其次，适度地夸赞对方也是打破谈话僵局的秘诀，但太过明显的逢迎拍马是行不通的。至于对方的长相和身材，最好避免在第一次约会时就称赞。如果你是男性的话，可以称赞女方的发型、服装、气质等与众不同；如果你是女性的话，可以称赞男方的学识、谈吐、品位等令人欣赏。

如果你对异性说了不恰当的话，有时会引起一些不必要的麻烦。最初和异性交往时，不要存有非分之想，切忌紧张，一定要大大方方，用微笑打开彼此的心扉。

抛弃不该有的愤怒情绪

在一家意大利餐馆，一位先生和一位女士坐在一起，看得出来，他们正在热恋，非常幸福、甜蜜。当服务员端着咖啡走到那位女士身边时，不小心把咖啡溅到了女士的衣服上。看到自己崭新的衣服被弄脏了，那位女士马上发火了，在餐馆里大喊大叫起来。那名服务员赶忙道歉，但是那位女士不依不饶，斥责的声音反而更大，甚至还说出了一些难听的话。

女士的举动，让餐厅很多吃饭的人都把目光投了过来。从他们的表情可以看出，他们很难相信这样一位优雅的女士会在大庭广众之下大喊大叫，还说出一些难听的话。那位女士的男朋友也很尴尬，脸涨得通红。后来，那位女士拉着自己的男朋友非常气愤地离开了餐厅。他们走了之后，很多人都在议论这件事，并且都在批评那位女士。

自己的新衣服被人弄脏的确令人不悦，但是故事中的女士实在不应该在大庭广众之下大发雷霆，让自己的不良情绪完全暴露出来，破坏了自己的优雅形象。在人们心目中，能够掌控自己情绪的人才是淑女，才更让人尊敬。

愤怒是由于某事与自己的愿望相违背或者愿望不能实现，并一再地受到阻碍而逐渐积累起来的一种紧张而冲动的情绪。只要我们稍微留意一下自己身边的人，就会发现，很多人都特别容易冲动。一些男孩遇到芝麻大点的事就可能大打出手，好像只有这样才能彰显血气方刚的男儿本性。

一个人被石头绊倒，通常不会对石头发脾气。把那些伤害或触犯自己的人当作"石头"，有助于你心平气和地处理问题，剩下的事情只是学习以后如何避免遭遇到"石头"，以及如何不让"石头"耽误自己继续前行。

这种愤怒的情绪对人们的身心健康是十分不利的。人在愤怒时，交感神经就会变得异常兴奋，随之而来的是心跳加快、血压上升、呼吸急促，所以那些经常愤怒的人就极易患上高血压、冠心病等疾病。愤怒还会使人食欲不振，容易产生消化不良，最后导致消化系统的疾病。而对一些本已有的疾病，愤怒还会使病情加重，严重的甚至会导致死亡。心理学研究表明，人在生气时，血液循环加剧，神经处于高度兴奋和紧张状态，进而在思考问题时不能冷静，往往意气用事，这样难免会出问题。

西方民间流行的一种控制愤怒的办法：当你愤怒时，你便在心里默默数数，小怒从一数到十，大怒则数到百甚至千，数完后再采取行动。

社交中要避免过于腼腆

小亿长相一般，在一家广告公司做设计，全公司上下都知道她是一位非常腼腆的女孩。平时与同事交谈，尤其与异性同事交谈时，几乎连头都不敢抬起，也不敢用眼睛正视对方，而且几乎每次和别人谈话都会满脸通红。

有一次，公司组织跟团一起出去旅游。在去往旅游地的大巴车上，导游看游客们都很无聊，便出主意做起成语接龙的游戏。小亿一听就害怕了，坐在那里低着头一言不发。等轮到她接龙的时候，她紧张得一句话也说不出来。车上的游客们都鼓励她说没什么，只是做个游戏，没必要那么害羞。可是小亿始终克服不了自己的腼腆，最终也没能参与接龙游戏。

还有一次，小亿和她的朋友去参加大学同学的聚会。会上多年不见的校友都有说不完的话题，只有小亿坐在一个角落里一言不发，与同学之间的关系显得非常疏远。有同学过去找她搭话，她便随口回应几句，但她仍不敢抬头直视对方。

小亿的好朋友问她为什么如此害羞，她说她不管做什么事，总是怕做不好让人笑话，所以每次都不敢和别人谈话和对视。

腼腆即害羞，像小亿这种情况就是害羞，在与人交往的时候，拘谨羞涩、低眉红脸、说话声音小、表情紧张等特点都可以视为害羞的表现。害羞的人在与人交往尤其是初次交往时，对谈什么话、眼睛应该看哪儿，都感到十分为难。与人说话，特别是在人多的场合，常常半天也表达不出自己的意思，让听者感到着急甚至误解他的意思。

斯坦福大学著名的心理学教授菲利普·津巴多对一万多人抽样调查后发现，大约有40%的人都有不同程度的害羞表现。导致害羞的原因很多：有的人是由于太爱面子所致，总是怕在人前出丑；有的人是由于胆小内向的性格所致；有的人是因为曾经受过打击或者挫折丧失了勇气，从而变得谨小慎微起来；还有的人是怕言多必失，怕得罪人……这些因素束缚着人们的言谈和行为，使得一些人在别人面前出现害羞、说话做事不自然等情况。

要知道，害羞也许会让你失去进取的机会，失去结交好友的机会，错过被上司赏识的机会，错过施展才华、发挥才能的机会等。所以，要想在社交中有良好的表现，你就一定要克服害羞的毛病。只要你多给自己壮胆，多给自己鼓励，随时注意调整好自己的情绪，害羞就会慢慢地被克服。

如果你是一个害羞的人，一定要找出自己害羞的原因，为自己树立目标，努力地朝着目标前进。只有这样，你才能告别害羞、战胜自我、找到自信。

此外，克服害羞心理还有一个诀窍，那就是改变自己与别人谈话的方式。害羞的人通常在与别人谈话时说"是的"、"对"或者"我赞同"等，其实，当你与别人交谈时，你也可以问一些开放性的问题，例如"你这种爱好是怎样形成的?"等。轻松随意的话题不仅可以传达出你的友好，还能让你掌握交流的主动权。

不要对任何人有偏见

一位农夫遗失了一把斧子，最初他怀疑是邻居的儿子偷的，在这种心理的支配下，他开始觉得那个人走路的样子、说话的语调、面部神情都与平常人不相同，很像偷了东西的人。后来，他找到了那把斧子，再看邻居的儿子时，感觉他的一言一行、一举一动又都不像是小偷了。

故事中的农夫对邻居的儿子的这种看法就存在着偏见。偏见是由于人们对他人或者别的群体缺乏事实依据，偏执于某一极端的、不符合实情的认识而产生的一种心态。偏见让人固执于自己的一孔之见，戴着有色眼镜去看问题，很难得到正确的判断与结论，让人越来越愚昧无知。一旦别人感觉到你对他有不好的偏见，就会从心底对你产生出一种排斥感，从而妨碍你

第十二章 趋利避害，掌握社交禁忌的心理奥秘

235

们之间正常的交往。

心存偏见的人，看人办事易走极端，常常"抓住一点，不及其余"，如果某件事情让他觉得某个人好，那么那个人就什么都好，如果某件事情让他觉得某个人不好，那么那个人就一无是处。

那么，如何克服偏见呢？

（1）不要以点带面。也就是不因为某人的某一点好，就觉得某人一切都好；也不因为某人的某一点不好，就觉得这个人什么都不好。

（2）不以一次交往就给人下定论。有些人仅与对方见过一面，就理所当然地判断对方是一个什么样的人，这不仅武断，还有失公平。只有多跟人交往，才能真正地了解一个人的个性与品质。

（3）要相信自己的观察与判断，不要随大流，以免忽视了事实本身。

（4）不要以自己的做人尺度去衡量别人。如果你胆子很小，就觉得别人也一定胆小；你很自私，就以为别人也一定很自私。这些都有可能造成人际交往中的偏见。

明白以上四个要点，有利于在人际交往中消除偏见。只有克服了心理偏见，才能真正认识到别人的性格、为人等各方面的特征，才能找到真正值得自己信赖的人。反之，如果存在偏见心理，很可能让你失去许多值得深交的朋友。

不可与朋友轻率绝交

　　郝文是一个人缘非常好的人，他性格豪爽仗义、待人真诚，很受大家的喜欢。有一次，他与一位朋友开了个玩笑，尽管只是一个无关紧要的小玩笑，可是朋友却非常在意，当时就说要与郝文绝交。郝文感到十分震惊，问朋友要不要考虑一下再做决定。那位朋友态度非常坚决，说不用考虑了，尽管郝文心里很不情愿，一段友情还是这样结束了。过了一段时间，那位朋友给郝文发来一封道歉信，说他对当初的决定感到后悔，并问这一段友谊能否挽回。让人没想到的是，郝文拒绝了。因为他觉得一个对友情如此轻率、不负责任的人，又怎么能担保他日后不会又因为一件小事而再次提出绝交，甚至出卖友情呢？一向宽容的郝文觉得他无法原谅一个轻视友情的人。

　　是啊，每个人结交一个朋友都是不易的，因此，是朋友就应当珍惜，像故事中郝文的那位朋友，只是为一句小小的玩笑就与郝文绝交，又怎么能让郝文重拾对他的信任呢？

　　友情像健康一样，一旦人们失去了它，就会感觉到它的可贵。当你拥有健康的时候，对自己健康的身体并不觉得有什么骄傲与自豪。朋友就如同黄金一样，是极为珍贵的，你应当像爱护自己的生命一样去维护友情。与朋友朝夕相处时，并不觉得有什么，等到失去友情了，才会倍感友情的可贵。尤其是当你遭遇到困难、挫折与打击的时候，没有朋友的理解、安慰与鼓励，你就会感到孤立无援。所以，当你被友情拥抱的时候，就请珍惜吧！

假如经过一段时间的了解，发现朋友是一个自私自利、不讲信用的人，你一定要当机立断杜绝与其来往。如果你犹豫不决，反而会给自己造成伤害。也就是说，是否与一个朋友绝交，要视情况而定，千万不能轻率绝交。优秀的朋友不可轻率绝交，品行恶劣的朋友则要果断绝交。

总之，在与人交往时，你要认真对待每一份友情，不要轻易将"绝交"二字说出口，对于不适合自己的朋友，则要立即断绝与他来往。

开玩笑不能过了头

张博和小邵是关系不错的同事，张博生性大大咧咧，喜欢开玩笑。四月一日愚人节快到了，张博决心好好"骗"小邵一次。中午，小邵正跟几个同事坐在石椅边聊天，张博慌慌张张从办公室跑了出来："小邵，你还在这儿聊天，你妈出事了！"小邵一听，差点晕倒，他父亲死得早，是母亲一手把他拉扯大的，没想到——小邵跌跌撞撞地冲进办公室，张博却在这边挤眉弄眼地跟同事笑开了。两分钟后，小邵从办公室冲出来，愤怒地揪住张博衣襟："你凭什么咒我妈？"张博一把推开他："愚人节嘛！"小邵更生气了，两人吵了起来，一怒之下，小邵不知从哪里抽出把弹簧刀向张博刺去，张博倒在了血泊中，后经抢救，命虽然保住，但身体却大不如前了，而小邵则因故意伤害罪被判处六年有期徒刑。这一切只不过是因为一个开过了头的玩笑。

张博的玩笑开得未免太大了，以至于害人害己，还差点因此丢掉性命。这样让人不堪的后果，完全是因为一个开过了头的玩笑引起的。

人们都说"饭可以多吃，玩笑不能乱开"，得体的玩笑可以活跃气氛、松弛神经，但万一掌握不好分寸，就可能伤害感情，甚至惹起事端。

社交中，开玩笑一定要把握分寸，诙谐而不伤人，以下几点，就是开玩笑时应该注意的：

1. 态度要友善

与人为善，是开玩笑的一个原则。开玩笑的过程，是感情互相交流传递的过程，如果借着开玩笑对别人冷嘲热讽，发泄内心厌恶、不满的情绪，那么就会招致别人的反感。也许有些人不如你口齿伶俐，表面上你占到上风，但别人会认为你不尊重他人，从而不愿与你交往。

2. 内容要健康

笑料的内容取决于开玩笑者的思想情趣与文化修养。内容健康、格调高雅的笑料，不仅会给对方以启迪和精神的享受，也是对自己美好形象的有力塑造。钢琴家波奇在一次演奏时，发现全场有一半座位空着，他对听众说："朋友们，我发现这个城市的人们都很有钱，我看到你们每个人都买了二三个座位的票。"于是这半屋子的听众放声大笑。波奇无伤大雅的玩笑话使他反败为胜，化解了自己的尴尬。

3. 行为要适度

开玩笑除了可借助语言外，有时也可以通过行为动作来逗别人发笑，但行为一定要适度。有对小夫妻，感情很好，整天都有开不完的玩笑。一天，丈夫摆弄鸟枪，对准妻子说："不许动，一动我就打死你！"说着扣动了扳机。结果，妻子被意外地打成重伤。可见，开玩笑千万不能过度。

4. 对象要区别

同样一个玩笑，能对甲开，不一定能对乙开。人的身份、性格、心情不同，对玩笑的承受能力也不同。一般来说，后辈不宜同长辈开玩笑；下级不宜同上级开玩笑；男性不宜同女性开玩笑。在同辈人之间开玩笑，则要掌握对方的性格特征与情绪信息。

对方性格外向，能宽容忍耐，玩笑稍微过头也能得到谅解。对方性格内向，喜欢琢磨言外之意，开玩笑就应慎重。对方尽管平时生性开朗，但如恰好碰上不愉快的事或伤心事，就不能随便与之开玩笑。相反，对方性格内向，但正好喜事临门，此时与他开个小玩笑，效果会出乎意料的好。

交谈的双方都能欣赏才叫玩笑，所以开玩笑之前多替对方想一想，看看对方是否能接受，如果不考虑对方的接受度就乱开玩笑，只能是自讨没趣。

开玩笑本身是为了幽默一下让人开心，这本是社交中值得推荐的技巧，但如果玩笑太过分就会使人受到伤害，形成尴尬局面而难以收场。严重时还会造成矛盾，使关系紧张，酿成事故。因此，在与人交往中一定要把握好开玩笑的分寸，以免与他人产生过节儿。

第十二章 趋利避害，掌握社交禁忌的心理奥秘